U0050532

SeaEagle

SeaEagle

對於自己，你還是個陌生人

# 找個奮鬥的正確姿勢

這輩子最重要的事情，
就是學會自己長大！

關於人生、自我、情緒的心靈療癒

真實的自我是什麼樣子？
我們如何認識自己？
我們有哪些未知的潛能？
怎樣才可以發揮這些潛能？

寧寧的**摺耳貓**/著

# 前言

**自我分析心理學家榮格曾經說：「心靈的探討，會成為一門十分重要的學問。因為人類最大的敵人不是災荒、饑餓、貧苦、戰爭，而是我們自身的心靈。」**

心理學是一門古老而神秘的學科，廣泛地存在於我們的生活中，無時不在、無處不在。每個人的行為受到自己心理的支配，心理屬於我們自己，但是我們不敢說多麼瞭解自己的心理。古希臘先哲很早就有「認識你自己」的告誡，認識自己和成就自己也是人類永恆的主題。

生活中，為什麼有些人春風得意，有些人遭遇坎坷？有些人開心不已，有些人愁苦不堪？這一切的內部深層的機制到底是什麼？心理、心理學，生活在今天的人們對此越來越有興趣。

——認識自己。人類天生有一種自我認知的需要，這種需要驅使人們去探索世界和瞭解自己，也可以解釋人們對於星座、手相、血型、性格為何如此熱衷——他們渴望知道自己屬於什麼類型，以及具備什麼潛能。我們終其一生，只是在完成「我是誰」的構造。我們怎樣利用心理學，正確而客觀地認識自己？首先，要分清真實的自己和別人眼中的自己；其次，要瞭解情感中的自己，察覺自己的情緒、心理防禦、夢想渴望、情感體驗，並且嘗試自我控制；最後，要認清理想化的自我，並且將它與現實社會中的身分認同融合。**很多時候，我們是自己的塑造者，如何構造「內在自我」，就會成為一個什麼樣的人。**

——潛能開發。每個人都有潛能，很多時候不把自己逼到極限，無法知道自己有多少潛能。它就像一部神奇的萬能機器，任何願望都可以實現，但是需要有人駕馭它，這個人就是我們自己。如果希望自己變成更有自信的人，可以經常告誡自己：我是最棒的！我是最好的！我們的腦海中不斷重複想像自己很有自信的時候，就會發現自己變得很有自信，自己的行為也會配合自己的思想去行動。潛意識的能量是非常巨大的，它可以激發我們深藏的潛能。

本書是一本適合大眾閱讀的自我分析心理學入門書，透過對本書的閱讀，讀者可以學會控制來自心靈深處的神秘力量，並且運用這種力量，調整和改變自己的性格，激發尚未開發的潛能，創造幸福生活，實現人生目標。

# 目錄

一第2章一微心理

## 你的生活中潛藏多少秘密？

## 第3章 整理情緒

# 完美掌控情緒的心理方法

## 第4章 心理防禦

# 為什麼別人無法走進你的內心？



## 第5章 身分認同

# 定位自己在社會中的角色

## 你可以打造優質人際關係

### 一第6章一社交焦慮

## 第7章 自我控制
# 破譯潛意識的「指令」

第8章 自我實現

## 成功是一種唯「心」主義

一第1章一 我是誰

# 你沒有那麼瞭解自己

Don't be too hard on yourself.

希臘古城德爾菲的阿波羅神殿上刻著七句神聖名言，但是流傳最廣並且點燃希臘文明火焰的只有一句：「認識你自己。」如果你正在尋找自己在世界中的位置，請正確認識自己。這樣一來，就可以少一些迷茫，更清楚地看見「我要什麼」。

# 本我、自我、超我，哪個是真正的你？

什麼是人格？

人格通俗的說法是：個性。這個概念源於希臘語，原本是指演員在舞台上戴的面具，類似於中國京劇中的臉譜。後來，心理學借用這個詞語來說明：在人生的舞台上，人們也會因為扮演的角色不同而戴上不同的面具，這些面具就是人格的外在表現。摘掉面具以後，才是真實的自我，即真實的人格，它可能和外在的面具截然不同。

在心理學上，由於心理學家的研究取向不同，對人格的看法也有很大差異。一般來說，人格是一個人的思維、情感、行為模式。每個人都是由獨特的才華、價值觀、期望、感情、仇恨、習慣構成，使得我們形成一個與眾不同的自己。人格具有獨特性，也具有穩定性，就決定我們以前是什麼模樣，現在和將來都是什麼模樣。

**奧地利心理學家佛洛伊德將人格分為「本我」「自我」和「超我」三個部分。**

「本我」是人類出生的時候固著於體內的心理累積，是被壓抑的、非理性的、無意識的心理本能，例如：生命力、內驅力、本能、衝動、欲望。它就像一個孩子一樣，不考慮其他因素，只是想要滿足自己。

「超我」與「本我」相反，是人格系統中專門管理道德的「司法部門」。它凌駕於「自我」之上，彷彿是道德訓條和高尚道德的代表，監督控制「自我」。它遵守一種道德原則，就像一個執法機關，隨時監督自己的道德準則和行為。

「自我」介於「本我」和「超我」之間，是一個人後天學習而形成的，是對自身與社會理智的認識。它正視現實、符合社會需要、按照常識和邏輯行事。它遵照現實原則，壓抑「本我」的衝動和欲望，以進行「自我」保存。此外，也盡量使「本我」得以昇華，將其盲目衝動和欲望引入社會認同的管道，例如：抑制自己的欲望。雖然很餓，但是知道什麼可以吃，什麼不能吃，這些都是「自我」的控制和壓制。

「本我」、「自我」、「超我」之間不是靜止的，而是處於衝突和協調的運動中。「本我」在於尋求自身的生存，尋求本能欲望的滿足，是必要的原動力；「超我」在監督和控制自我接受社會道德準則行事，以保證正常的人際關係；「自我」要反映本我的欲望，並且找到途徑滿足這些欲望，又要接受超我的監督，還要反映客觀現實，分析現實條件和自我處境，以促使人格內部協調，並且保證與外界交往活動順利進行，不平衡的時候就會產生心理異常。

一般來說，「本我」、「自我」、「超我」之間是不穩定的，有時候會出現此消彼長的情況。如果無法妥善掌握，就會產生人格方面的困惑。

在一個真正健康的人格中，「本我」、「自我」、「超我」必須是均衡而協調的。想要擁有完善而健康的人格，就要學會平衡和協調「本我」、「自我」、「超我」的關係。

# 決定自己氣質的「體液學說」

西元前四三〇年，雅典發生可怕的瘟疫，許多人突然發燒、嘔吐、腹瀉、抽筋、身上長滿膿瘡、皮膚嚴重潰爛，病患接二連三地死去。瘟疫為雅典帶來破壞性後果，很短的時間內，雅典城中隨處可見來不及掩埋的屍體。對這種索命的疾病，人們避之唯恐不及，紛紛求助神靈保佑。就在瘟疫肆虐之際，一位來自希臘北邊馬其頓王國的御醫來到雅典，他一面調查疫情，一面探尋病因及解救方法。不久，他發現全城只有一種人沒有染上瘟疫，就是每天和火打交道的鐵匠。他由此設想，或許火可以防疫，於是建議全城各處點燃火堆來消滅瘟疫。

這位御醫就是被西方尊為「醫學之父」的古希臘著名醫學家、歐洲醫學奠基人希波克拉底，其主要著作為《箴言》和《語言的藝術》。卡斯蒂廖尼在《醫學史》中評價：希波克拉底使數個世紀以來的知識理想化。

在希波克拉底的一生中，最大的貢獻是把醫學從宗教和迷信中分離出來。他說，所有的疾病都不是神靈的作用，而是有自然的原因。那個時候，古希臘醫學受到宗教迷信的禁錮，巫師只會用念咒文、施魔法、進行祈禱的方法為人們治病。為了抵制「神賜疾病」的謬論，希波克拉底積極探索人類的身體特徵和疾病成因。在恩培多克勒的「宇宙論」啟發下，希波克拉底提出著名的「體液學說」。他認為，複雜的人體是由血液、黏液、黃膽汁、黑膽汁四種體液組成，四種體液在體內的比例不同，形成人們的不同氣質：

## 一、多血質

多血質又稱為活潑型，這種人敏捷好動，善於交際，在陌生環境裡不會感到拘束。在工作學習上，富有精力而效率高，表現出機敏的工作能力，善於適應環境變化。在團體中，精神愉快，朝氣蓬勃，願意從事合乎實際的工作，對事業非常嚮往，可以迅速把握新事物，在有充分自制力和紀律性的情況下，會表現出巨大的積極性，興趣廣泛，但是情感容易變化，如果事業不順利，熱情可能消逝，熱情消逝的速度與投身事業的速度一樣快。對於這種人，從事多樣化的工作會成績卓越。

## 二、黏液質

這種人又稱為安靜型，他們在生活中是堅持而穩定的工作者。具有這種氣質類型的人，行動緩慢而沉著，嚴格遵守既定的生活秩序和工作制度，不為無所謂的事情而分心。這種人態度持重，交際適度，不做空泛的清談，不容易激動，不容易發脾氣，不容易流露情感，不願意顯露自己的才華。他們堅持不懈，有條不紊地工作，其缺點是：不夠靈活，不善於轉移自己的注意力。惰性使其因循守舊，固定性有餘，但是靈活性不足。

## 三、憂鬱質

憂鬱質的人一般表現為：行為孤僻、不合群、觀察細緻、非常敏感、表情靦腆、多愁善感、行動遲緩、優柔寡斷，具有明顯的內傾性。

## 四、膽汁質

這種人的氣質特徵是外向性、行動性、直覺性，具有強烈的興奮過程和微弱的憂鬱過程，情緒容易激動，反應迅速，行動敏捷，暴躁而有力。在語言、表情、姿態上，都有一種強烈而迅速的情感表現。這種人的工作特點有明顯的週期性，埋頭於事業，準備克服通往目標的困難和障礙。這種人如果就業，對工作沒有那麼專注，傾向於經常更換工作，渴望成為自由職業者。例如：音樂家貝多芬和韓德爾就是這種氣質類型，這種氣質反映在音樂風格中，有慷慨激昂的熱情，有崇高的英雄主義。這種人的缺點是：缺乏自制力、粗暴、急躁、容易生氣、容易激動，因此要注意在耐心和自制力等方面的心理修養。

# 自己眼中的「我」，與別人眼中的「我」

蘇格拉底晚年的時候，為了考驗和點化自己的助手，將其叫到病床前面說：「我的蠟燭所剩不多，要找另一根蠟燭接著點下去，你明白我的意思嗎？」

助手悲痛地回答：「老師，我知道你不想讓自己的光輝思想無法得到傳承……」

「可是，」蘇格拉底平靜地說，「我需要一位最優秀的傳承者。他不僅要有相當的智慧，還要有充分的信心和非凡的勇氣……直到目前，我還沒有找到這樣的人。在我離開之前，你可以幫我尋找嗎？」

「好的，好的。」助手溫順地說，「我一定竭盡全力地尋找，不辜負你的栽培和信任。」

蘇格拉底不置可否地微笑，沒有再說什麼。

那位忠誠而勤奮的助手不明白蘇格拉底的心事，不辭辛勞地透過各種管道開始尋找。對於他帶回來的那些人，蘇格拉底總是婉言謝絕。

蘇格拉底的身體一天不如一天，但是那位助手還是沒有完成他的願望。有一次，助手想要繼續尋找的時候，已經病入膏肓的蘇格拉底從床上坐起來，無限感慨地對他說：「真是辛苦你。可是你不知道，那些被你辛苦找來的人，沒有一個比你聰明……」

看見蘇格拉底說話那麼吃力，助手悲痛地說：「你放心吧！我一定加倍努力，找遍城鄉各地、找遍五湖四海，為你找到一位最優秀的人，讓他繼承你的事業。」

蘇格拉底點點頭，又躺下了。

又過了半年，蘇格拉底已經處於彌留之際，但是那位助手還是沒有找到適合的人選。他為自己的無能感到十分慚愧，淚流滿面地坐在病床旁邊，語氣沉重地說：「我無法完成你的願望，辜負你的期望！」

「失望的是我，對不起的卻是你自己。」蘇格拉底說到這裡，失意地閉上眼睛，停頓很久又哀怨地說，「本來，最優秀的就是你自己，只是你不敢相信自己，才會忽略自己、耽誤自己……其實，每個人都是最優秀的，差別在於：如何認識自己，如何發掘和重用自己……」話沒有說完，蘇格拉底就帶著自己沒有傳承下來的光輝思想，永遠離開這個世界。

這個助手始終沒有理解蘇格拉底的意思，不知道自己就是他心中最優秀的人，不禁令人感到惋惜。其實，很多人就像這個助手一樣，沒有客觀地認知自己。

關於客觀自我，心理學家魯夫特與英格漢提出「周哈里窗」模式，用「窗」喻指一個人的心理，普通的窗戶分為四個部分，人類的心理也是如此。人類的心理可以分為四個部分：開放我、盲目我、隱藏我、未知我。

## 開放我

左上角那扇窗稱為「開放我」，也稱為「公眾我」，屬於自由活動領域。這是自己和別人都知道的部分，符合「當事者清，旁觀者也清」的邏輯，例如：我們的性別和外貌，以及某些可以公開的資訊，包括婚姻狀況、職業、工作地點、能力、愛好、特長、成就……

「開放我」的大小，取決於心靈開放的程度、個性張揚的力度、人際交往的廣度、別人的關注度、開放資訊的利害關係。

「開放我」是自我最基本的資訊，也是瞭解自我和評價自我的基本依據。

## 盲目我

右上角那扇窗稱為「盲目我」，也稱為「背脊我」，屬於盲目領域。這是自己不知道而別人知道的部分——可以是一些明顯的心理特徵，例如：有些人輕易承諾卻瞬間忘記；也可以是一些不經意的動作和習慣，一個得意或是不耐煩的表情和情緒。自己經常無法察覺這些關於自我的資訊，但是別人非常瞭解。

盲目點可能是一個人的優點，也可能是一個人的缺點，由於自己對此毫無知覺，別人將這些盲目點告訴自己的時候，經常會產生驚訝、懷疑、辯解的情緒反應，尤其是聽到的資訊與自己的認知不符合的時候。

「盲目我」的大小，與自我觀察和自我反省的能力有關，反省特質比較強的人，盲目點比較少，「盲目我」比較小。

## 隱藏我

左下角那扇窗稱為「隱藏我」，也稱為「隱私我」，屬於逃避或是隱藏領域。這是自己知道而別人不知道的部分，與「盲目我」正好相反，也就是我們經常說的隱私，不願意或是不可以讓別人知道的事實和心理。身分、缺點、往事、疾病、痛苦、竊喜、愧疚、尷尬、欲望、意念，都會成為「隱藏我」的內容。相較而言，承受能力強的人、隱忍的人、自閉的人、自卑的人、膽怯的人、虛榮或虛偽的人，「隱藏我」會比較多。

## 未知我

右下角那扇窗稱為「未知我」，也稱為「潛在我」，屬於未開發領域。這是自己和別人都不知道的部分，有待挖掘和發現，經常是指一些潛在能力和特性，例如：一個人經過訓練或學習以後，可能獲得的知識與技能，或是在特定的機會中展示出來的才華，其中也包含佛洛伊德提出的潛意識層面，潛意識就像隱藏在海水下的冰山，力量巨大卻容易被忽視。充分探索和開發「未知我」，才可以全面而深入地認識自我、激勵自我、發展自我、超越自我。

由於「盲目我」和「未知我」的存在，導致我們雖然每天與自己相處，其實不是非常瞭解自己，需要借助一些外在力量來瞭解自己。以下這個故事，或許可以給我們一些啟發：

一個以割草為生的孩子，打電話給陳太太：「你需要割草嗎？」陳太太回答：「不需要，我已經有割草工人。」

這個孩子說：「我會幫你除去花叢中的雜草。」陳太太說：「我的工人已經做了。」

這個孩子又說：「我會幫你把走道周圍打掃乾淨。」陳太太說：「我的工人已經做了，謝謝你，我不需要其他工人。」

孩子掛上電話。孩子的哥哥在旁邊問他：「你不是在陳太太那裡割草打工嗎？為什麼還要打這個電話？」

孩子帶著得意的笑容說：「我只是想要知道，自己做得有多麼好！」

故事中的孩子十分聰明，因為他用旁敲側擊的方法來認識自己，也因為他敢於嘗試去認識真實的自己。關於如何客觀認識自我，有以下三種管道：

## 從自己與別人的關係中認識自我

與別人的交往，是我們獲得自我認識的重要來源。心理學上，有一個概念叫做「鏡我」，是根據別人的判斷而反映出來的自我概念。從幼年到成年，我們從簡單的家庭關係擴展到外面的交往關係，進入社會以後，又面臨複雜的人際關係。聰明而善於思考的人，可以從這些關係中向別人學習，獲得足夠的經驗，然後按照自己的需要去規劃自己的前途。

## 從「我」與事情的關係中認識自我

從做事的經驗中瞭解自己。我們可以透過自己做過的事情，以及取得的成果和成就，看到自己的優點和缺點。

## 從「我」與自己的關係中認識自我

這一點看似容易，其實非常困難。我們可以從以下幾個角度去認識自己：

**第一，自己眼中的我**。是指自己觀察到的我，包括：身體、容貌、性別、年齡、職業、性格、氣質、能力。

**第二，別人眼中的我**。是指與別人交往的時候，從別人對我們的態度和情感反應而感覺到的我。不同關係和不同類型的人，對我們的反應和評價不同，它是我們從多數人對自己的反應中歸納出來的認識。

**第三，自己心中的我**。是指自己對自己的期待，即理想中的我。

# 我們為什麼那麼在意別人的評價？

**關於我們如何獲得自我認知，一個很重要的參考標準是：別人對自己的評價。**例如：主管對某個員工做出「聰明能幹」的評價，這個員工就會心花怒放；主管對某個下屬做出「朽木不可雕」的評價，這個員工就會心情沮喪。別人對自己的態度，就像一面鏡子，我們從中獲得自己的形象定位，並且進而形成自我概念，這就是美國社會心理學家庫利提出的「鏡中自我」理論。庫利認為，人們透過與別人的交往形成自我觀念，一個人對自己的認識是別人關於自己看法的反映，人們總是借助別人對自己的評價形成關於自我的觀念。

也就是說，一個人如何看待自己，經常是由別人對自己的態度而決定，由此獲得關於自我的印象稱為「反射的自我」、「鏡中自我」。在心理學領域，這種現象也稱為「鏡像效應」。

為什麼會出現「鏡像效應」？主要原因有以下三個方面：

## 社會化的結果

所謂的「社會化」，主要是指首屬群體對個體的影響。我們來到社會以後，與生俱來的只是生物人，生物人要變成思想豐富的社會人，必須經過社會化。社會化主要就是我們在社會生活實踐中，透過與群體和社會之間的互動影響，進而成為合格社會角色的過程。其中影響最大和最早的群體就是首屬群體，例如：狼孩的首屬群體是狼群，社會化的過程是狼群「社會化」的過程，其結果在狼孩的大腦中只會形成自我的狼孩概念。

對大多數人來說，首屬群體是家庭，父母是重要的影響人物。庫利說的「鏡」，也是各式各樣的，其中形成「鏡中自我」最重要的「鏡」是家庭，有些鏡子對個體的作用十分有限。

## 我們對「鏡子」的認知與評估作用

正如上述所言，我們只會對重要的「鏡子」做出反應，對不重要的「鏡子」就會做出忽略不計的反應，使之無法進入「自我」。也就是說，從別人的鏡中反映出來的我，只有經過生理我和本我，或是已經有自我的想像和評價，才可以被「自我」接受，形成「自我概念」。可見，「鏡子」雖然很重要，但是如何照、如何看也很重要。可以說，「鏡中自我」並非我們照看到的「我」，已經被原有「自我」解讀的「我」。

## 「鏡中自我」與「鏡外自我」的地位、身分、名譽有關

照理說，鏡中自我與鏡外自我應該是一致的，但是鏡中自我經過這面鏡子照射，就有許多折射，使鏡外自我變形，但是我們不透過鏡子無法看到鏡外自我，即使可以看（例如：反省、反思），也會受到其他因素（例如：原有的自我、經驗、認知結構）的影響，無法真正看到鏡外自我。因此，唯一的方法就是用許多鏡子來照射，這樣全方位的照看，可以使鏡中自我與鏡外自我逐漸融合。上述可見，「鏡外自我」的地位、身分、名譽會對鏡像效應產生重要的影響。

庫利的「鏡中自我」概念將自我意識分為三個階段：

（1）設想自己在別人面前的行為方式。

（2）做出行為以後，設想別人對自己行為的評價。

（3）根據自己對別人評價的想像來評價自己的行為。

例如：關於自己是一個什麼樣的人——外向還是內向，熱情如火還是冷漠似冰，思維嚴謹還是跳躍思考——如此的自我判斷，雖然自己可以形成一套認知態度，但是也會參考別人的意見，尤其是那些權威人士的意見。

透過「鏡中自我」理論，就可以理解為什麼「人言可畏」——如果我們沒有強大的內心，就會被別人的評價影響，進而按照別人的評價去認知自己，以致認為自己真的是別人口中所說的模樣。假如這些評價是負面的，就會讓我們陷入自我懷疑或是自我憎恨中，難以排解惡劣的情緒。

# 揭開人格面具，看看真實的自我

「人格面具」是瑞士心理學家榮格提出的精神分析理論之一，是指我們公開展示的一面，它是我們的內在世界和外在世界的分界點，依靠我們的身體語言、衣著、裝飾表現出來。我們以此告訴外在世界「我是誰」，表現自己理想化的我。我們戴上「人格面具」，是為了給別人良好的印象，以得到社會的認同，保證自己可以與別人甚至那些不喜歡的人和睦相處，進而實現自己的目的。從某種程度來看，這樣也導致「人格面具」維護我們的虛偽與怯懦，這種反應來自於自身對未知事物的恐懼，進而啟動心理防禦機制，使自己不自覺地步入與真實人性不同的境地。

「人格面具」的說法，最初出自於希臘文，本義是：演員可以在戲劇中扮演某個特殊角色而戴上的面具，是我們在社會生活中具有各個層面適應性的能力，它是為了使我們在社會上得到某種身分的認同而存在。

榮格認為：「人格最外層的人格面具掩蓋真我，使人格成為一種假象，按照別人的期望行事，所以和我們的真正人格不同。我們可以依靠面具協調自己與社會之間的關係，決定自己以什麼形象在社會上露面……人格面具是原型的一種象徵。」

人格面具具有多重性——在家中，我們是父親或丈夫；在公司，我們是主管或員工。戴上的面具不同，我們的行為方式也會不同。例如：一個出言不遜的主管，在面對女兒的時候，就是一副性情溫順的姿態。

**人格面具的產生，不僅是為了認識社會，更是為了尋求社會認同。也就是說，人格面具是以公眾道德為標準，是以團體生活價值為基礎的表面人格，具有符號性和趨同性。**榮格認為，人格面具在人格中的作用可能是有利的，也可能是有害的。

人格面具使我們的行為更符合社會規範，在社會規範認同的範圍內，有助於帶來和諧的人際關係，因為真實的我們有時候不受歡迎。例如：一個朋友請你評價其髮型，你真實的想法可能是

「這個髮型很適合你。」在這個過程中，你對朋友說謊，但是這種無關緊要的謊言可以讓自己更受歡迎，為了獲得和諧的人際關係，就會把真實的負面想法轉變為積極的認同。

但是，人格面具對我們也有消極影響。如果我們過分熱衷和沉湎於自己扮演的角色，認為自己就是自己扮演的角色，人格的其他方面就會受到排斥，使得自己受到人格面具的支配，逐漸疏遠而背離自己的天性。我們習慣說謊以後，日久天長，在慣性的驅動下，就會逐漸忘記甚至拋棄真正的自己。

# 人類無法抗拒的「角色效應」

現實生活中，我們以不同的社會角色參與家庭活動和社會活動，這種因為角色不同而引起的心理或行為變化的現象被稱為「角色效應」。

兩個同卵雙生的女孩，她們的外貌非常相似，在同一個家庭中長大，從小學到大學，都在同一個班級讀書。然而，她們的性格卻大為不同：姐姐性格開朗，具有自主意識，善於交際，待人主動熱情，處理問題果斷，具備獨立工作的能力；妹妹個性內向，缺乏主見，習慣依賴別人，不善交際。

對於這個現象，心理學家非常感興趣，經過研究以後發現，她們的性格迥異，主要原因是：她們擔任的「角色」不同。在她們成長的過程中，父母對待她們的態度截然不同，雖然她們是孿生姐妹，但是父母對她們進行不同的角色劃分：姐姐應該照顧妹妹，要對妹妹的行為負責；妹妹必須聽姐姐的話，與姐姐商量事情。長此以往，姐姐逐漸培養獨立解決問題的能力，隨時扮演妹妹的「保護人」角色，妹妹理所當然地擔任被保護的角色。

可見，被賦予不同的角色是造成她們性格迥異的主要原因。在現實生活中，我們經常會發現，那些有弟弟妹妹的人更獨立，更有責任感，習慣照顧別人。

除了家庭關係賦予的角色以外，社會和團體對我們賦予的角色特徵對自己的心理和行為也有很大的影響。日本心理學家長島真夫等人，研究班級幹部對「角色」加工的意義，他們在某所小學五年級的班級進行實驗。這個班級有四十七個學生，他們挑選在班級中地位比較低的八個學生，任命他們為班級幹部，在他們完成工作的過程中，給予適當的指導。一個學期結束以後，他們發現這些學生在班級中的地位發生明顯的變化——第二學期選舉班級幹部的時候，這些學生之中有六個又被選為班級幹部。此外，他們也觀察到這六個學生在性格方面，例如：自尊心、安定感、明朗性、活動能力、協調性、責任心等方面，發生積極的變化。

上述現象也是一種「角色效應」，我們被賦予某種角色以後，為了不辜負別人對自己的期望，就會不自覺地按照角色規範來要求自己，在角色期望和角色認知的基礎上，採取相應的角色行為。

我們經常說「男兒有淚不輕彈」，雖然在性格方面，男人比女人更堅強，但是究其根本，是因為男人受限於社會角色和家庭角色的原因，不得不克制自己的軟弱。

在社會和家庭中，男人被賦予敢於承擔的形象，為了符合這種形象，即使遭遇挫折和困難，男人也會強忍自己的脆弱，不會讓別人看見自己的眼淚。

# 為什麼有些人會相信星座？

巴納姆是一位很受歡迎的魔術師，他曾經這樣詮釋自己的成功：我的節目受到歡迎，是因為其中包含每個人都喜歡的成分，所以每分鐘都會有人上當受騙——「巴納姆效應」由此而來。**也就是說，我們經常認為一種籠統而普遍的人格描述十分準確地揭示自己的特點，心理學上將這種傾向稱為「巴納姆效應」**。

針對這種自我認知的效應，一位心理學家曾經進行實驗：給一群人做完明尼蘇達多相人格問卷以後，出示兩份結果，讓他們判斷哪一份是自己的結果。事實上，一份是參加者的結果，另一份是多數人的回答平均的結果。大多數參加者認為，後者更準確表達自己的人格特徵。

實驗結果顯示：很多人容易相信一種籠統而普遍的人格描述特別適合自己，即使這種描述十分空洞，但是他們仍然認為這種描述準確反映自己的人格面貌。曾經有心理學家向大學生出示一份資料，讓他們判斷這些人格描述是否符合自己：

- 你需要別人喜歡和尊重你
- 你有自我批判的傾向
- 你有許多可以成為自己優勢的能力沒有發揮出來，也有一些缺點，但是你可以克服它們
- 你與異性交往有困難，儘管表面上顯得很從容，其實內心焦急不安
- 有時候，你懷疑自己做的決定和事情是否正確
- 你喜歡生活有變化，討厭被別人限制
- 你以自己可以獨立思考而自豪，如果別人的建議沒有充分證據，你不會接受
- 你認為在別人面前過於坦率表露自己是不明智的
- 有時候，你外向、親切、活潑；有時候，你內向、謹慎、沉默
- 你的抱負有些不切實際

對於上述籠統而幾乎適合任何人的描述，很多大學生認為自己就是資料中描述的那樣，完全

符合自己的性格。

在現實生活中，經常會發生「巴納姆效應」，例如：我們給算命先生算命以後，有時候會認為某個算命先生料事如神，描述的狀況完全符合自己的處境。一般而言，沒有困惑和疑慮的人不會求助於算命先生，習慣算命的人都是情緒處於低落的時候，此時他們對生活失去控制，缺乏安全感，容易受到暗示的影響，算命先生總是善於察言觀色，揣摩別人的心意，他們說一些無關痛癢的話，我們就會對算命先生感到崇拜，掉進他們的圈套。

**性格測試：**

二十世紀二〇年代，美國心理學家威廉・莫爾頓・馬斯頓創建一個理論，以解釋人類的情緒反應。在此之前，這種工作主要局限在對於精神病患者或是精神失常人群的研究，馬斯頓希望擴大這個研究範圍，以運用於心理健康的普通人群。因此，他將自己的理論建構為一個體系，即「正常人的情緒」。

為了檢驗自己的理論，他需要採用某種心理測驗的方式來衡量人們的情緒反應——「人格特徵」。因此，他採用自己認為四個非常典型的人格特質因數：Dominance——支配，Influence——影響，Steady——穩健，Compliance——服從。ＤＩＳＣ，正是代表這四個英文單詞的首字母。一九二八年，馬斯頓正式在《正常人的情緒》一書中，提出ＤＩＳＣ測驗以及理論說明。

目前，ＤＩＳＣ理論已經被廣泛應用於世界五百大企業的人才招聘，歷史悠久、專業性強、權威性高。

以下是ＤＩＳＣ測驗題目，回答這些題目對於瞭解自己很有幫助。

在每個標題的四個選項中，選擇一個最符合自己的，並且在英文字母後面做記號。總共有四十個選項，不能遺漏。（注意：按照直覺做出選擇，如果無法確定，可以回憶童年的情況，或是以自己最熟悉的人對自己的評價來選擇）

一

1.敢於冒險：願意面對新事物，並且下定決心掌握——Ｄ

2.適應力強：輕鬆自如適應任何環境——S
3.生動：充滿活力，表情生動，有很多手勢——I
4.善於分析：喜歡研究各個部分之間的邏輯和正確的關係——C

二

1.堅持不懈：要完成某件事情才會做其他事情——C
2.娛樂：開心，充滿樂趣與幽默感——I
3.善於說服：用邏輯和事實而不是用威嚴和權力說服別人——D
4.平和：在衝突中不受干擾，保持平靜——S

三

1.順從：容易接受別人的觀點和意見，不堅持己見——S
2.自我犧牲：為了別人的利益，願意放棄自己的意見——C
3.善於交際：與別人相處很有趣，而不是挑戰或是商業機會——I

4.意志堅定：決定以自己的方式做事——D

四

1.使別人認同：因為人格魅力或是性格而使別人認同——I

2.體貼：關心別人的感受與需要——C

3.競爭性：把所有事情當作競賽，想要獲得勝利——D

4.自我控制：控制自己的情感，極少流露——S

五

1.使別人振作：給別人振奮的刺激——I

2.尊重別人：對別人誠實尊重——C

3.善於應變：對任何情況都可以做出有效反應——D

4.含蓄：自我約束情緒與熱忱——S

六

1. 生機勃勃：充滿生命力與興奮——I
2. 滿足：容易接受任何情況與環境——S
3. 敏感：對周圍的事物過分關心——C
4. 自立：獨立性強，只依靠自己的能力和判斷——D

七

1. 計畫者：做出詳盡的計畫，並且嚴格按照計畫進行，不輕易改動——C
2. 耐性：不因為延誤而懊惱，冷靜而且容忍——S
3. 積極：相信自己有轉危為安的能力——D
4. 推動者：利用性格魅力或是鼓勵別人參與——I

八

1. 肯定：自信，極少猶豫或是動搖——D

2.無拘無束：不喜歡預先計畫，或是被計畫牽制——I
3.害羞：安靜，不善於交談——S
4.有時間性：生活處事依靠時間表，不喜歡計畫被別人干擾——C

九

1.遷就：改變自己以與別人協調，短時間內按照別人要求行事——S
2.井然有序：有系統和條理安排事情——C
3.坦率：毫無保留，坦率發言——I
4.樂觀：讓別人和自己相信任何事情都會好轉——D

十

1.強迫性：發號施令，強迫別人聽從——D
2.忠誠：可靠，忠心不移，有時候毫無根據地奉獻——C
3.有趣：幽默風趣，可以把任何事物變成精彩故事——I

4.友善：不主動交談，不喜歡爭論——S

十一

1.勇敢：敢於冒險，無所畏懼——D

2.體貼：待人得體，有耐心——S

3.注意細節：觀察入微，做事有條不紊——C

4.可愛：開心，與別人相處充滿樂趣——I

十二

1.令人開心：充滿活力，並且將快樂傳達給別人——I

2.文化修養：特別喜愛文學和藝術，例如：戲劇、音樂——C

3.自信：相信自己的能力與成功——D

4.貫徹始終：情緒平穩，做事堅持不懈——S

十三

1.理想主義：以自己完美的標準來設想和衡量事物——C

2.獨立：自給自足，獨立自信，不需要別人幫忙——D

3.無攻擊性：不做可能引起別人反感的事情——S

4.富有激勵：鼓勵別人參與，並且把每件事情變得有趣——I

十四

1.情感外露：不掩飾情感，交談經常身不由己接觸別人——I

2.深沉：深刻並且經常反省，討厭膚淺的交談和消遣——C

3.果斷：具有快速做出判斷與結論的能力——D

4.幽默：語氣平和而冷靜的幽默——S

十五

1.協調者：協調不同的意見，以避免雙方發生衝突——S

2.音樂性：愛好參與並且有鑑賞能力，因為音樂的藝術性，而不是因為表演的樂趣——C

3.發起人：高效率的推動者，是別人的領導者——D

4.喜歡交朋友：周旋於聚會中，善於交朋友，不把任何人當作陌生人——I

十六

1.考慮周到：善解人意，幫助別人，記住特別的日子——C

2.執著：不達目的，誓不甘休——D

3.多言：不斷說話以娛樂別人，覺得應該避免沉默而帶來的尷尬——I

4.容忍：容易接受別人的想法，不需要反對或改變別人——S

十七

1.傾聽者：願意聽別人傾訴——S

2.對自己的理想、朋友、工作絕對忠實，有時候甚至不需要理由——C

3.領導者：天生的領導者，不相信別人的能力比自己強——D

4.體力充沛：充滿活力，精力充沛——I

十八

1.知足：滿足自己擁有的，很少羨慕別人——S

2.首領：要求領導地位以及別人跟隨——D

3.製圖者：用圖表和數字來組織生活，解決問題——C

4.令人喜愛：人們注意的中心，令人喜愛——I

十九

1.完美主義：嚴格要求自己和別人，所有事物都有秩序——C

2.和氣：容易相處，容易溝通，容易讓人接近——S

3.勤勞：不停地工作，完成任務，不願意休息——D

4.受歡迎：聚會的靈魂人物，受歡迎的賓客——I

二十

1.跳躍性：充滿活力和生氣勃勃——I

2.無畏：大膽前進，不怕冒險——D

3.規範性：堅持自己的行為符合認同的道德規範——C

4.平衡：穩定，走中間路線——S

二十一

1.乏味：死氣沉沉，缺乏生氣——S

2.忸怩：閃避別人的注意，在眾人注意下不自然——C

3.露骨：喜歡表現，華而不實，聲音大——I

4.專橫：喜歡命令和支配，有時候略顯傲慢——D

二十二

1.散漫：生活任性無秩序——I

2.無同情心：不容易理解別人的問題和困擾——D

3.缺乏熱情：不容易興奮，經常感到好事難做——S

4.不寬恕：不容易原諒和忘記別人對自己的傷害，容易嫉妒——C

二十三

1.保留：不願意參與，尤其是事情複雜的時候——S

2.怨恨：把實際或是自己想像的別人冒犯放在心中——C

3.叛逆：抗拒或是不接受別人的方法，固執己見——D

4.嘮叨：重複講述同一件事情，忘記已經重複多次，總是不斷找話題說話——I

二十四

1.挑剔：堅持瑣事細節，喜歡挑毛病——C

2.膽小：經常感到強烈的憂慮和悲傷——S

3.健忘：缺乏自我約束，導致健忘，不願意回憶無趣的事情——I

4.率直：直言不諱，直接表達自己的看法——D

二十五

1.沒有耐性：難以忍受等待別人——D

2.無安全感：感到擔心，而且沒有自信——S

3.優柔寡斷：無法做出決定——C

4.喜歡插嘴：滔滔不絕，不是好聽眾，不注意別人的說話——I

二十六

1.不受歡迎：強烈要求完美，拒人千里之外——C

2.不參與：不願意加入，不參與，對別人生活不感興趣——S

3.無法預測：時而興奮，時而低落，或是不兑現諾言——I

4.缺乏同情心：無法當眾表達對弱者或是受難者的情感——D

二十七

1.固執：堅持按照自己意見行事，不聽不同意見——D

2.隨興：做事沒有一貫性，隨意做事——I

3.難於取悅：因為要求太高，使別人很難取悅——C

4.行動遲緩：拖延行動，不容易參與或是行動總是慢半拍——S

二十八

1.平淡：平實淡漠，中間路線，無高低之分，很少表露情感——S

2.悲觀：儘管期待最好，但是經常看到事物不利之處——C

3.自負：自我評價高，認為自己是最好的人選——D

4.放任：允許別人做自己喜歡做的事情，因為要討好別人，令別人宣揚自己——I

二十九

1.容易發怒：善變，孩子性格，容易激動，事情過後立刻忘記——I

2.沒有目標：不喜歡目標，也無意設立目標——S

3.喜歡爭論：容易與別人爭吵，任何事情都覺得自己是對的——D

4.孤芳自賞：容易產生疏離感，沒有安全感，擔心別人不喜歡和自己相處——C

三十

1.天真：孩子般的單純，不理解生命的真諦——I

2.消極：看到事物的消極面和陰暗面，缺乏積極的態度——C

3.魯莽：充滿自信，有膽識，但總是不適當——D

4.冷漠：漠不關心，得過且過——S

三十一

1.擔憂：經常感到不確定和憂慮——S

2.不善交際：喜歡挑人毛病，不被人喜歡——C

3.工作狂：為了回報或是成就感，不是為了完美，設立目標不斷工作，恥於休息——D

4.喜歡獲得認同：需要別人認同讚賞，就像演員一樣——I

三十二

1.過度敏感：對事物過度反應，被別人誤解的時候，感到被冒犯——C

2.不圓滑老練：經常用冒犯或是考慮不周的方式表達自己——D

3.膽怯：遇到困難的時候退縮——S

4.喋喋不休：難以自我控制，滔滔不絕，無法傾聽別人——I

三十三

1.靦腆：不確定，對自己做的事情缺乏信心——S

2.生活紊亂：缺乏安排生活的能力——I

3.跋扈：衝動地控制事物和指揮別人——D

4.憂鬱：經常情緒低落——C

三十四

1.缺乏毅力：反覆無常，互相矛盾，情緒與行動不合邏輯——I

2.內向：活在自己的世界裡，思想和興趣放在心裡——C

3.不容忍：無法忍受別人的觀點、態度、做事方式——D

4.沒有異議：對很多事情漠不關心——S

三十五

1.雜亂無章：生活環境沒有秩序，經常找不到東西——I

2.情緒化：情緒不容易高漲，感到不被欣賞的時候容易低落——C

3.喃喃自語：低聲說話，不在意說不清楚——S

4.喜歡操縱：精明處事，操縱事情，使其對自己有利——D

三十六

1.緩慢：行動和思想比較慢，過分麻煩——S

2.頑固：決定依照自己意願行事，不容易被說服——D

3.喜歡表現：想要吸引別人，需要自己成為被別人注意的中心——I

4.有戒心：不容易相信，對語言背後的真正動機存有疑問——C

三十七

1.孤僻：需要大量的時間獨處，避開人群——C

2.統治欲：毫不猶豫地表示自己的正確和控制能力——D

3.懶惰：總是計算事情要耗費多少精力，最好可以不做——S

4.大嗓門：說話聲和笑聲總是蓋過別人——I

三十八

1.拖延：行動緩慢，需要推動力——S

2.多疑：凡事懷疑，不相信別人——C

3.容易發怒：行動緩慢或是無法完成指定工作的時候，容易煩躁和發怒——D

4.不專注：無法專心或是集中精力——I

三十九

1.報復性：記恨，並且懲罰冒犯自己的人——C

2.煩躁：喜新厭舊，不喜歡長時間做相同的事情——I

3.勉強：不願意參與或是投入——S

4.輕率：因為沒有耐心，不經思考，草率行動——D

四十

1.妥協：為了避免衝突，即使自己是對的，也會放棄自己的立場——S

2.喜歡批評：不斷地衡量和判斷，經常考慮提出反對意見——C

3.狡猾：精明，總是可以達到目的——D

4.善變：注意力短暫，需要各種變化，害怕無聊——I

將以上的選擇做出統計，並且記錄在括弧裡。

D——（　）I——（　）S——（　）C——（　）

測試結果的使用說明：

計算自己各項得分，超過十分稱為顯性因數，可以作為性格測驗的判斷依據；低於十分稱為隱性因數，對性格測驗沒有任何意義，可以忽略。如果有兩項或是以上超過十分，表示自己同時具備那些特徵。

## Dominance——支配型／控制者

**D型人可以稱為是「天生的領袖」**

在情感方面，D型人是堅定勇敢的人，酷愛變化、喜歡控制、幹勁十足、獨立自主、超級自信。可是由於不太會顧及別人的感受，所以顯得粗魯、霸道、沒有耐心、窮追不捨、不會放鬆。D型人不習慣與別人進行情感上的交流，不會恭維人，不喜歡眼淚，缺乏同情心。

在工作方面，D型人是務實和講究效率的人，目標明確、眼光全面、組織力強、行動迅速，立刻解決問題，勇敢堅持到底，在反對中成長。但是因為過於強調結果，D型人容易忽視細節，處理問題不夠細緻。喜歡指使別人的特點，使得D型人可以帶動團隊進步，但是也容易激起別人的反感。

在人際關係方面，D型人喜歡為別人做主，雖然這樣可以幫助別人做出選擇，但是也容易讓別人有強迫感。由於關注自己的目標，D型人在意的是別人的利用價值，喜歡控制別人，不會說對不起。

描述性詞語：

積極進取、爭強好勝、強勢、追根究底、直截了當、主動的開拓者、堅持意見、自信、直率

## Influence——活潑型／社交者

**I型人經常是比較活潑的團隊活動組織者**

I型人是情感豐富而外露的人，由於性格活躍、喜歡說故事、幽默、彩色記憶，可以抓住聽眾，經常是聚會的中心人物。I型人是天生的演員，天真無邪，熱情誠摯，喜歡送禮物和收禮物，注重人緣。情緒化的特點，使得I型人容易興奮、喜歡吹牛、天真、永遠長不大、富有喜劇

色彩，但是也很容易生氣、喜歡抱怨、大嗓門、不成熟。

在工作方面，I型人是熱情的推動者，總是有新主意，色彩豐富，說做就做，可以鼓勵和帶領別人投入工作。可是，I型人總是情緒決定一切，想到哪裡說到哪裡，而且說得多做得少，遇到困難容易失去信心，雜亂無章，做事不徹底，喜歡找藉口，喜歡輕鬆友善的環境，非常害怕被拒絕。

在人際關係方面，I型人容易交朋友，朋友很多，關心朋友，也被朋友稱讚，擔任主角，受到歡迎，喜歡控制談話內容。可是，喜歡即興表演的特點，使得I型人經常無法仔細理解別人，而且健忘多變。

描述性詞語：

有影響力、有說服力、友善、善於言辭、健談、樂觀積極、善於交際

## Steady——穩定型／支持者

**S型人經常比較平和，知足常樂，不願意主動前進**

在情感方面，S型人是溫和主義者，悠閒、平和、有耐心、情感內斂、待人和藹、樂於傾聽、遇事冷靜、隨遇而安。S型人喜歡說一句口頭禪：「不過如此。」這個特點使得S型人總是缺乏熱情，不願意改變。

在工作方面，S型人可以按部就班地管理事務和勝任工作，並且持之以恆，奉行中庸之道，平和可親，一方面習慣於避免衝突，另一方面也可以處變不驚。但是，S型人總是漫不經心，很難被鼓勵，懶惰、敷衍苟且、得過且過，由於害怕承擔責任和風險，寧願站在一邊旁觀。很多時候，S型人總是沒有想法，有話不說，或是折衷處理。

在人際關係方面，S型人是容易相處的人，喜歡觀察別人，樂於傾聽，願意支持。可是由於不以為然，S型人也會顯得漠不關心，或是嘲諷別人。

描述性詞語：

可靠、深思熟慮、親切友善、有毅力、堅持不懈、善於傾聽、全面周到、自制力強

## Compliance——完美型／服從者

### C型人經常是喜歡追求完美的專業型人才

在情感方面，C型人是性格深沉的人，嚴肅認真、目的性強、善於分析，願意思考工作與生活的意義，喜歡美麗、對別人敏感、理想主義。但是，C型人總是習慣於記住負面的東西，容易情緒低落，過分自我反省、自我貶低、離群索居，有憂鬱症傾向。

在工作方面，C型人是完美主義者，高標準、計劃性強、注重細節、講究條理、整潔，可以發現問題並且制定解決問題的方法，喜歡圖表和清單，堅持己見，善始善終。但是，C型人很可能是優柔寡斷的人，習慣於收集資訊和進行分析，很難投入實際運作的工作中，容易自我否定，因此需要別人的認同。同時，C型人也習慣於挑剔別人，不能忍受別人無法完成工作。

在人際關係方面，C型人一方面在尋找理想夥伴，另一方面卻交友謹慎，可以深切關懷別人，善於傾聽抱怨，幫助別人解決困難。但是，C型人始終有一種不安全感，以至於感情內向、退縮、懷疑別人，喜歡批評事物，卻不喜歡別人的反對。

描述性詞語：

遵從、仔細、有條不紊、嚴謹、準確、完美主義、邏輯性強

—第2章—微心理

# 你的生活中潛藏多少秘密？

Don't be too hard on yourself.

心理學無處不在，無時不在，存在於人際交往、婚姻感情、職場奮鬥、生活瑣事中……

更進一步，它影響我們的行事風格和日常生活，你真的不想知道這些微心理背後的秘密嗎？

# 似曾相識，我在哪裡見過你？

是否曾經有這樣的經歷：突然感覺眼前的場景無比熟悉，對於每個細節都感到似曾相識，甚至對於即將發生的事情，也是瞭若指掌，恍若昨日重現一般。**這種似曾相識的感覺就是「既視感」，是指人類在現實環境中突然感覺自己曾經於某處經歷某個場景或是某些事物，就是一種沒有見過的場景和事物也彷彿見過的錯覺。**

根據目前心理學界的定義，既視感包括以下三種類型：

## 一、某個場景好像在何時經歷過

這是最常見的既視感，特點是感覺強烈而細節清晰，不僅是視覺，聽覺、味覺、嗅覺、觸覺以及周圍的一切，就像之前某個時刻的全部複製，就像之前某個事件被自己遺忘，現在突然想起來一樣。但是事實上，這不是自己恢復的記憶，因為這種場景一般很短暫，只有幾秒至幾十秒。

## 二、某種感覺好像在何時有過

這種感覺與場景經歷不同的是：自己經歷的不是某個場景，而是某種感覺，無論這種感覺是愉悅還是鬱悶，都會感到好像與這種感覺重逢一樣。

## 三、某個地方好像在何時去過

這種感覺的經歷者是最少的，具體表現為自己到達某個從未去過的地方，感覺周圍環境非常熟悉，對每個細節都瞭若指掌，彷彿曾經生活在這個環境中很長時間。

根據科學調查顯示，大約七〇%的人至少經歷一次既視感。為什麼會出現這種似曾相識的感覺？心理學家認為，這是因為在某些時候，人們無意識接受某些資訊，但是自己渾然不知，再次接觸這些資訊的時候，就會感覺似曾相識。例如：你去朋友家做客，忽略牆上一幅油畫，雖然你不認為自己看到這幅畫，但是這幅畫的資訊已經被你的大腦記錄和儲存。經過一段時間以後，你再次看到這幅畫，大腦記錄和儲存的資訊就會被調出，就會認為已經看過這幅畫，進而產生既視感。

雖然很多人都會出現這種「似曾相識」的主觀體驗，但是每個人發生的頻率不同。一般而言，我們更容易對一些與情緒密切相關的事情記憶深刻，因此我們處於情緒不穩定狀態的時候，「似曾相識」發生的機率比較大。

# 我們的愛，真的需要證明嗎？

請看以下這個三段論，並且判斷結論的對與錯——

前提一：所有有引擎的東西都需要汽油。

前提二：汽車需要汽油。

結論：汽車有引擎。

大多數人會說這個結論是正確的，但是按照邏輯的規則，這種推論方式是不正確的。

再看以下這個三段論——

前提一：所有的貓都有四條腿。

前提二：狗有四條腿。

結論：狗是貓。

關於貓的這個邏輯推理，你一定會說這個結論是不正確的。

在產生認知的時候，相對於用其他事物（例如：貓）的情況，如果用「汽車」的時候，我們更傾向於判斷它是正確的，我們將這個結果稱為「信念偏見效應」：我們傾向於把自己可以為之建構合理的現實世界模型的結論判斷為正確的，把自己無法為之建構合理的現實世界模型的結論判斷為錯誤的。例如：對於汽車知識的瞭解，使我們難以看出以上的結論是錯誤的。

奧斯卡金像獎得獎影片《美麗境界》，以諾貝爾經濟學獎得主約翰・奈許為原型，講述一個關於愛和人生意義的故事。在電影中，奈許和女朋友（艾莉西亞）有以下一段對白：

奈許：艾莉西亞，我們之間的關係是否可以保證長久的承諾？我需要一些證明，一些可以作為依據的資料。

艾莉西亞：你等等，給我一些時間……讓我為自己對愛情的見解進行定義。你要一些證明，以及可以作為依據的資料。好啊，告訴我，宇宙有多麼大？

奈許：無限大。

艾莉西亞：你怎麼知道？

奈許：因為所有資料都是這麼指示的。

艾莉西亞：可是，它已經被證實嗎？

奈許：沒有。

艾莉西亞：有人親眼見到嗎？

奈許：沒有。

艾莉西亞：你怎麼可以確定？

奈許：不知道，我只是相信。

艾莉西亞：我想，這和愛一樣。

奈許希望艾莉西亞為自己提供可以證明關係長久的資料，艾莉西亞用宇宙類比，以此說明沒有被證明存在的事物也可以是存在的，就像自己對奈許的愛情一樣，是不需要被證明的事實真相。可以看出，艾莉西亞在認知世界的時候，沒有受到「信念偏見效應」的影響——她對於事物的認知憑藉的是合理的邏輯，而不是現實世界已經存在的模型。

**「信念偏見效應」提醒我們，自己在認知世界的時候應該相信邏輯，而不是已經存在的事物。**例如：某個人三十歲的時候想要換工作，選擇別人的經歷作為參考依據，如果聽到三十歲換工作成功的故事，就會增強自己的信念；如果聽到三十歲換工作失敗的故事，就會減弱自己的信念。但是事實上，換工作以後的成功或失敗，不是取決於已經存在的事物，而是取決於自己的信念。

在愛情的領域，熱戀的男女經常會讓對方證明自己的愛，或許以感情付出的方式，或許以物質贈與的方式，似乎可以證明的愛才是愛。然而，透過艾莉西亞的解讀，我們可以判斷——無法證明的愛，不一定不存在。

# 我們對小人得志的憤慨從何而來？

雨後，一隻蜘蛛向牆上那張已經支離破碎的網爬去。由於牆壁潮濕，牠爬到一定高度的時候，就會從牆上掉下來。牠一次一次地往上爬，一次一次地掉下來……

這個時候，正好有三個人經過這裡。

第一個人看了，他說：「這隻蜘蛛真是愚蠢，從旁邊乾燥的地方就可以爬上去，我以後不能像牠那樣愚蠢。」於是，他開始變得聰明。

第二個人看了，立刻被蜘蛛不屈不撓而屢敗屢戰的精神打動，並且從中得到啟發，對自己說：「我要像蜘蛛那樣。」於是，他開始變得頑強。

第三個人看了，嘆了一口氣，自言自語：「我不是就像這隻蜘蛛嗎？奔波忙碌而一無所得，有什麼意思？」於是，他開始變得消沉。

為什麼這隻蜘蛛會不斷地往上爬？為什麼三個人對蜘蛛的態度有這麼大的差距？

假如我們對自己說的次數最多的話進行統計，「為什麼」一定是出現次數最多的一句話。原因是我們天生就有追求事物發展精確性的需求，這是我們人性中的一部分，誰也無法擺脫。

**在心理學中，關於「為什麼」的問題有一個專業名詞，稱為「歸因」，也就是我們經常說的「找出問題的原因」。**對於生活中的很多事情，我們一定有很多疑問，例如：為什麼我沒有像某個同學一樣成功？為什麼至今沒有遇到心儀的對象？為什麼某個同事似乎比我更受歡迎？

我們在產生疑問以後，總是試圖分析導致發生某些行為和事件的可能原因，歸因理論就是一種關於知覺者推斷和解釋自己和別人行為原因的社會心理學理論，奧地利社會心理學家弗里茲・海德在其一九五八年出版的《人際關係心理學》首先提出歸因理論。

關於歸因理論，協變原理指出，如果某個因素出現就會看到某個行為，這個因素不出現就不會看到這個行為，就會把這個因素歸結為這個行為的原因。例如：你與朋友一起出遊，迎面走過來一匹馬，你的朋友指著馬大聲尖叫，就要確定是朋友精神出現問題，還是因為危險正在臨近。

試圖解釋某個人的行為，要以三個方面的相關資訊來評估協變：區別性、一貫性、一致性。

**區別性**：這個行為是否是特定情境下的具體行為——你的朋友是否對所有的馬都會大叫？

**一貫性**：這個行為是否反覆出現以回應這個情境——這匹馬是否曾經讓你的朋友大叫？

**一致性**：別人是否在相同情境下也會產生相同行為——每個人都會指著馬並且大叫嗎？

歸因一般分為內部歸因和外部歸因。內部歸因，是指存在於個體內部的原因，例如：人格、品格、動機、態度、情緒、心境，以及努力程度等個人特徵；外部歸因，是指行為或事件發生的外部條件，例如：背景、機會、別人影響、工作任務難度。

在某個交通堵塞的早晨，我們發現一輛卡車是造成堵塞的罪魁禍首，經常會有什麼反應？大多數人無法抑制心中的憤怒，都會傾向於認為卡車司機有問題，因為他不適當的行為，使得許多人有可能上班遲到，他會在瞬間被我們定義為一個自私冷漠而不為別人考慮的傢伙。

心理學家發現，我們對別人的問題進行歸因的時候，很容易忽略外部因素。就像之前提到的卡車司機，很有可能是遇到自己無法克服的情況，不得已才會造成堵塞。

有意思的是，同樣的事情發生在自己身上的時候，情況可能正好相反。例如：被減薪的員工會認為公司「過河拆橋」，經濟不景氣的時候拿自己開刀，很少從自己身上找出原因。這是因為我們的尊嚴受到威脅的時候，會本能地採取自利歸因的方式，把減薪原因歸結為外部因素（例如：經濟不景氣），因為承認自己的能力遜於其他同事，對自己的尊嚴是一種打擊。但是，我們獲得加薪的獎勵以後，又會將加薪的原因歸結為自己的能力比別人強。

**這種區別對待的歸因方式，直接導致我們產生「小人得志」的憤慨，看到某個人比自己成功，就會將其獲得的成就歸結為幸運，不知不覺地做出外部歸因。**

# 我們為什麼對自己的名字那麼敏感？

在人聲嘈雜的雞尾酒會上，我們隔著幾個人仍然可以與某個人聊天，清楚地聽到他在說什麼，但是對於別人的交談內容卻經常聽不清楚，尤其是一個與自己距離很遠的人正在叫自己的名字，無論現場多麼喧鬧，自己也可以分辨出來，向發出聲音的方向望去。在雞尾酒會上，我們總是聽到自己想要聽到的，這種現象被稱為「雞尾酒會效應」。

對於雞尾酒會上的這個獨特現象，可以用美國心理學家安妮・翠斯曼（Anne Treisman）的衰減模型來解釋——人們的聽覺注意集中於某個事物的時候，意識將一些無關聲音刺激排除在外，無意識卻監察外界刺激，如果一些特殊的刺激與自己有關，就可以立刻引起自己的注意。這個效應也有心理學實驗為證：實驗者讓受試者戴上耳機，讓他的兩個耳朵聆聽不同的東西。在聆聽的過程中，讓他說出一個耳朵（追隨耳）聽到的內容。取下耳機以後，讓他說出另一個耳朵

（非追隨耳）聽到的內容。結果發現，受試者經常沒有聽清楚非追隨耳的內容，即使原來使用的英文資料改用法文或德文呈現，或是將資料內容顛倒，受試者也很少可以發現。

**實驗顯示，從追隨耳進入的訊息，受到受試者的注意；從非追隨耳進入的訊息，受試者經常沒有注意。**但是如果在非追隨耳的內容中加入受試者的名字，受試者就可以清楚地聽到——這也是為什麼我們在雞尾酒會上對自己的名字非常敏感的原因。

# 為什麼我們有時候寧願將錯就錯？

古書教導我們：知錯能改，善莫大焉。很多人知道這個道理，但是自己成為當事者以後，即使知道自己是錯誤的，還是無法說出：「我錯了。」為什麼承認自己的錯誤如此困難？為什麼放棄那些公開表達的觀點如此困難？

**原來，與在公眾面前沒有公開說出的觀點相比，一個公開的觀點更難以改變，心理學家把這種現象稱為合法化效應，也稱為公開化效應。**阿希（Solomon Asch）是最早對這種現象做出研究的心理學家，他在實驗中發現——如果受試者在開始的時候說出與團體的觀點對立的意見，即使後來團體對某個個體做出正確評價，他們仍然傾向於捍衛自己的意見。其後的多次實驗顯示，一種觀點被公開說出以後，就會合法地得到加強，也很難再改變。

另一位心理學家傑拉德（Harold Gerard）曾經提出一個假設，他的觀點是：如果某個受試者對團體的意見採取相反的立場，即使後來團體做出正確評價，受試者也不會改弦易轍，仍然站在團體的對立面，千方百計捍衛自己的觀點。傑拉德給出的解釋是：會出現這種情況，是因為受試者已經公開採取與團體相反的立場，迫使他不得不堅持到底，甚至不惜故意刺激團體，說出明顯錯誤的評價意見。

合法化效應已經在許多實驗中得到證明。想要讓受試者改變自己隱蔽的觀點，比要他們改變那些合法化並且在公眾面前公開說出的觀點還要容易。

可見，合法化效應會加強我們的定勢。我們的觀點在社會公開以後，這種情況就會加強自己堅守這種觀點的心情。

為什麼會產生合法化效應？一般而言，有以下三個方面的原因：

（1）**出於維護自尊的需要**。維護自尊是我們自發的舉動，如果自尊受到破壞，我們就會千方百計地進行維護。我們公開表達某個觀點以後，即使知道自己的觀點錯誤，為了維護自己的尊嚴，就會堅持自己的觀點，並且盡力使其合法化，可以自圓其說。可見，我們為了不失去尊嚴和面子，就會產生合法化效應。

**（2）受到虛榮心的控制。**我們公開表達自己的觀點以後，知道這個觀點經不起考驗，在往後的日子中，也知道自己是錯誤的，但是為了維護自己的尊嚴，就會百般狡辯，不願意承認自己的錯誤，地位比較高的領導者更容易發生合法化效應。

**（3）如果在公開場合表達自己意見的時候，在場的人數比較多，可以對我們產生影響的人物在場，更容易發生合法化效應。**

## 為什麼會把某一天視為「倒楣日」？

我們經常會將某一天視為自己的「倒楣日」，例如：早晨鬧鐘突然出現故障，結果導致自己沒有準時起床，匆忙地起床以後，意外地發現今天正好下雨，在馬路上攔計程車的時候，平時空閒的計程車消失殆盡，等了十幾分鐘才搭上一輛計程車。到達公司以後，發現平時只在下午來的老闆竟然已經坐在辦公室裡，而且發現自己這個遲到者。於是，我們就會感覺，這一天真是糟透了，簡直是「屋漏偏逢連夜雨」，所有不好的事情都讓自己遇到了。

真的有所謂的「倒楣日」嗎？或許事實並非如此。**在心理學中，有一種認知偏見稱為「證實性偏見」，認為人們總是過於關注支持自己決策的資訊：人們在主觀上支持某種觀點的時候，傾向於尋找那些可以支持原來觀點的資訊，對於那些可能推翻原來觀點的資訊加以忽視。**也就是說，人們偏好可以驗證假設的資訊，而不是那些否定假設的資訊。例如：對於上述事例，一個人因為最初發生的幾件事情而將某一天視為自己的「倒楣日」，就會關注一些「不好」的事情，透過這些「不好」的事情，證明自己厄運不斷。但是事實上，這一天可能也發生一些「好」的事情，例如：自己撰寫的方案得到老闆的認同，一個客戶打電話來說明他們願意在合約上簽字。但是由於「證實性偏見」的存在，這些「好」的事情被忽視，只剩下那些糟糕的事情——「倒楣日」的概念由此而來。

「證實性偏見」是普遍存在的認知偏見，例如：如果一個人討厭某個同事，就會關注這個同事負面的人格素質和行為，用以證明這個同事確實不怎麼樣，導致這種厭惡的情緒逐漸升級惡化，造成人際關係對立；如果一個人贊同某個觀點，就會列出很多理由來證明這個觀點的正確性，對於觀點不合理的部分視而不見。

想要擺脫惡劣的情緒，就要從「證偽」的角度發現事實，尋找那些與自己負面態度背離的事實，才不會庸人自擾地認為自己是上帝的棄兒。

—第3章— 整理情緒

# 完美掌控情緒的心理方法

Don't be too hard on yourself.

你有時候憤怒有時候憂鬱，有時候急躁有時候焦慮；你厭倦情緒，又不加控制地發洩情緒……情緒會傷害別人，也會傷害自己。親愛的，一輩子有那麼長，我們怎麼可以永遠被情緒控制？

# 每個人都有情緒，我們要接受它

對於情緒最基本的態度是：承認和接受它。因為對於任何問題，如果不面對它，不願意承認它，只會被動地受它影響，無法很好地處理它。

不同性格的人對情感的要求程度不同，但是對此有一個普遍共識：不斷地壓制情感，會導致心理障礙，包括：心理衝突、心理壓抑、情感糾結、自我否定、模糊不清、飄忽不定。在那些對身心相關疾病感興趣的醫生中也存在一個共識：情感壓抑是導致某些疾病的原因之一。

我們應該揭開情感生活的面紗，即使在無法公開表達情感的時候，也要承認它們的存在。最基本的步驟是：允許自己體驗情感，允許自己憤怒、害怕、興奮，或是出現其他情緒。

研究指出，大量的情感壓抑產生於孩提時代。孩子總是被成人引導將自己最直接的情感與不愉快的事物相聯繫：他們可能因為痛苦的哭鬧受到處罰，也可能因為快樂的嬉鬧受到處罰。這種由於表達情感而受到的壓制，逐漸使他們變得像成人一樣，想要說的話、想要表達的情緒，全部被強烈地制約，以致變得呆板並且習以為常。

許多成人，尤其是男性，丟掉眼淚這個天賦的禮物，就是因為孩提時代被壓抑的影響太強烈，以致他們在想哭的剎那關閉哭的機制。事實上，哭泣可以使身體的化學作用朝著良好方向轉移，改變有害的生理反應。甚至有人認為，婦女早期心臟病的發病率比較低，與她們在生理上需要的時候可以哭泣有關。由於社會的偏見，使我們在公共場合哭顯得不適宜，但是在非公共場合，不必放棄這個抒發情感的最佳管道。

**對於其他情緒也是同樣道理，不管對它採取什麼態度，先要做的是正視它。如果否定它，它不會消失，只會潛藏在我們的潛意識裡，繼續影響我們。**雖然我們可能無法感覺到，但是在我們想像不到的地方，它可能會操控我們做出自己不想做的事情，或是影響自己的身體健康。

此外，對自己情感的坦率，有助於我們理解和接受別人的情感：假如不能正視自己的悲傷，就會對別人的悲傷失去耐心；假如不能正視自己的憤怒，就會對別人的憤怒感到厭煩；假如不能正視自己的快樂，就無法分享別人的快樂；假如不能正視自己的愛慕，就會對別人的愛慕表現冷漠；假如不能正視自己的缺點，就會對別人的缺點吹毛求疵。

包括眼淚在內的所有解決方法，都在於承認情感的正常性、自然性、合理性，承認它是正常人生的一部分。我們必須具備控制它們的能力，明白何時表達恰如其分，何時表達有悖常理。但是，這種知識必須基於我們對自身情感的徹底瞭解和坦率承認之上。情緒是態度的反應，有消極積極之分，卻沒有對錯之別。

是否可以控制、抒解、調理自己的情緒，關鍵在於自我察覺。察覺自己情緒的變化，才可以更清楚地認識自己的情緒，進而控制消極情緒，培養積極情緒。如果一個人對自己的負面情緒一無所知，或是在潛意識中沒有樂觀傾向，就無法有效控制自己的情緒，不可避免地遇上許多麻煩。如果任憑某種惡劣情緒變本加厲，最終會導致身心失衡。

有情緒反應的時候，我們應該先問自己以下幾個問題：

我面臨什麼問題？它的真實狀況是什麼？有那麼糟糕嗎？

我在做什麼？這樣做有益嗎？我感到沮喪或是懷恨在心，可以解決問題嗎？

我應該做什麼？

想出積極的做法，然後去行動。

有情緒反應的時候，要注意引起情緒反應的事件或環境，同時體察自己內心的情緒狀態。可以採用「情緒反芻」的方法來認識自己的情緒：以聯想為樞紐，依循心靈發展軌跡溯流而上，用一種情緒去聯想更多情緒，體會自己過去曾經體驗的各種情緒。這樣做，可以使自己變得心平氣和。

也可以採用「尋根溯源」的方法來認識自己的情緒。可以立刻察覺自己的情緒，例如生氣，就問自己：為什麼生氣？為什麼難過？如果是自己的想法引起不愉快，再問自己：有沒有其他替代想法？

只有察覺自己的情緒，保持警覺，才可以用理性排除困難，度過難關。

# 情感需要宣洩，而不是壓抑

情感產生以後，只有得到宣洩，心情才會恢復平靜，壓抑情感對身心是不利的。

有一句眾所周知的話：堵塞不如疏導，是很有道理的。所謂的疏導，就是情緒的宣洩。

有一個在燕國出生的人，在楚國長大，到了花甲之年還不曾回過家鄉。他因為思鄉心切，不顧年事已高，氣血衰退，竟然獨自一人不辭勞苦，千里迢迢尋找故里。

他在半路上遇到一個北上的人，兩人自我介紹以後，很快結成同伴。他們一路上談天說地，起居互相照應，因此趕起路來不覺得寂寞，時間彷彿過得很快。不知不覺，他們到了晉國的地界。

可是他沒有想到這個與自己朝夕相處的同伴竟然使出捉弄人的花招，那個同伴指著前面的晉國城郭說：「你快要到家了，前面就是燕國的城鎮。」他聽了以後，濃厚的鄉情驟然湧上心頭，一時激動得說不出話，兩眼被淚水模糊了，表情非常悲傷。

過了一會兒，那個同伴指著路邊的土神廟說：「這是你家鄉的土神廟。」他聽了以後，立刻嘆息起來，家鄉的土神廟是保佑自己的先輩在這塊土地上繁衍生息的聖地！

他們再往前走，那個同伴指著路邊的一棟房屋說：「這是你的先輩住過的房屋。」他聽了以後，滾滾的淚水頓時流下來，把自己的衣衫弄濕了。祖居不僅是父母和先輩生活的城堡，也是自己出生的搖籃，那裡有多少動人的往事和令人懷念的東西啊！

那個同伴看到自己的謊話已經在他的身上產生作用，沒有等他的心情平靜下來，又指著附近的一座土堆說：「這是你家的祖墳。」他聽了以後，更是悲從中來。自己的先輩和父母安息在眼前的墳墓裡，這座祖墳不就是自己的根嗎？雖然他已經年至花甲，但是站在闊別多年的祖墳前，卻感覺自己像一個失去父母的孤苦伶仃的孩子，忍不住強烈的悲傷，放聲痛哭起來。

那個同伴看夠了笑話，忍不住哈哈大笑，對他說：「算了，算了，不要把身體哭壞了，我剛才是騙你的。這裡只是晉國，距離燕國還有幾百里。」一聽同伴這麼一說，他才知道上當了，懷鄉念舊的虔誠心情立刻煙消雲散，並且因為輕信別人而導致的情緒失控感到難堪。

他到了燕國的時候，燕國的城鎮、土神廟、先輩住過的房屋、祖墳依次出現在他的眼前，可是奇怪的是，他看到這些景象，反而無法產生觸景生情的傷感。

為什麼那個燕國人看到真正的故土，反而沒有被騙的時候那麼激動？這是因為，他幾十年累積的思鄉情緒，已經在被騙的時候得到宣洩。那些情緒只有那麼多，宣洩以後，情緒就得到平復，即使到了真正激起自己感情的地方，也沒有什麼可以宣洩的。

這個故事說明，人們由一件事情激起的感情只有那麼多，如果無法宣洩出去，它會停留在自己的情感中，使自己受到它的影響，如果是不良的情緒，還會干擾自己做其他事情。如果找到一個宣洩的管道，自己的心情就可以得到平靜，不再受到這種情緒的困擾。在當今社會，隨著生活節奏的加快，人們的精神壓力日益加劇，心理與現實的衝突經常發生，如果無法得到適當的宣洩，不僅危害個人健康，也會增加社會問題。令人遺憾的是，許多人面臨心理問題的時候，經常推崇克制法，對宣洩法不以為然。例如：哭是人們發洩情感的一種非常有效的方法，但是古往今來，人們推崇和讚揚的是「男兒有淚不輕彈」。其實，在傷心時刻，「忍住眼淚往肚裡流」對心理和生理非常有害。流眼淚這個化學過程，可以抒發人們精神上的壓力。痛哭一場以後，痛苦和悲傷的心情就會減輕許多。

總之，每個人都要找到適合自己的宣洩途徑。

# 每個人都需要自我安慰

**人們有一種自我安慰的心理機制：無法得到的是不好的，可以得到的是好的。**

《伊索寓言》中，有一個家喻戶曉的故事：一隻饑餓的狐狸路過果林，看見架子上掛著許多葡萄，垂涎欲滴，可是卻摘不到，只得悻悻離開，嘟囔著：「那些葡萄是酸的。」

在西方，這個故事被引入詞典，短語sour grapes（酸葡萄心理）就是來自於此：無法得到的是不好的。心理學也借用這個詞語，用來解釋人類心理防衛的一種機制——合理化的自我安慰。

在日常生活中，我們也會經常處於那隻狐狸的境遇。例如：一個員工想要得到更高的職位，但是無法獲得升遷，為了保持內心平衡，就會自我安慰：職位越高，責任越重，不如現在工作輕鬆，逍遙自在。

與「酸葡萄」心理相對應，還有一種「甜檸檬」心理：人們對於得到的東西，儘管不喜歡或是不滿意，也堅持認為是好的。例如：你買了一套衣服，覺得價錢太高，顏色也不滿意。但是你和別人說起的時候，可能會強調這是今年最流行的款式，即使價錢比較高也是值得的。

心理學上有一個實驗，本來是為了研究「人們對於事情的興趣，是否會影響工作效率」，但是間接證明「酸葡萄甜檸檬定律」的存在。

心理學家招募一些大學生，做一些枯燥乏味的工作。其中一件事情是：把許多湯匙放進盤子裡，然後拿出來，再放進去，持續半個小時。還有一件事情是：轉動計分板上的四十八個木釘，轉四分之一圈，再轉回來，持續半個小時。

工作完成以後，分別給予他們一美元或是二十美元，並且要求他們告訴下一個人，這個工作十分有趣。

奇怪的是，結果發現與一般的預期相反，得到一美元的人反而認為工作比較有趣。

這個實驗似乎證明，人們對於已經發生的壞事，傾向於透過自我安慰和自我欺騙，把它的不愉快減輕。

之前，這種自欺欺人的心理，成為人們的笑柄，受到否定和批判。但是，現在心理學家認為，適度的自我安慰在心理健康方面非常有價值。

對於同一件事情，如果從不同的角度看，結論就會不同。現實生活中，幾乎所有事情都有積極性和消極性，遇到不如意的事情，如果只是消極對待，心情就會鬱悶。這個時候，如果換一個角度，就可以轉變自己的心情。

有一次，美國前總統羅斯福家中被盜，他的朋友寫信安慰他。他在回信中說：「感謝你寫信安慰我，我現在很平安。感謝上帝，因為他偷去我的東西，沒有傷害我的性命；他偷去我的部分東西，而不是全部。最值得慶幸的是：做賊的是他，而不是我。」

但是，如果事情還有改變的餘地，就不要自我安慰，應該面對現實，主動改變現狀。

# 不要把負面情緒帶進自己的生活中

對於某些人而言，「情緒」這個詞語就像洪水猛獸，避之唯恐不及！因此，很多人產生不良情緒的時候，經常無法妥善處理，輕者影響日常工作，重者損害人際關係，甚至罹患許多疾病。

美國著名心理學家丹尼爾・高曼認為：一個人的成功，二〇％依靠ＩＱ（智商），八〇％憑藉ＥＱ（情商）。ＥＱ管理的理念，就是用科學的方法和技巧來管理人們的情緒，利用情緒帶來的正面價值與意義，幫助人們獲得成功。

**卡內基說：「學會控制情緒，是我們成功和快樂的秘訣。」**沒有任何東西比我們的情緒，也就是我們內心的感覺，更可以影響我們的生活。

我們的情緒是自己對現實生活的特殊反應，所有事情是否符合自己需要，就會產生許多心理體驗。良好的情緒可以成為學習和生活的動力，不良的情緒會對身心健康和人際交往產生破壞作用。因此，不斷把自己的情緒提升到有益於個人進步和社會發展的高度，是十分必要的。

我們可以主動控制自己的情緒，使自己的情緒逐漸成熟。產生不良情緒的時候，可以嘗試以下幾種控制方法：

## 一、轉移注意，避免刺激

發生悲傷、憂慮、憤怒的時候，人類的大腦皮層會出現一個強烈的興奮點，如果可以有意識地控制大腦的興奮與抑制過程，使興奮點轉換為抑制狀態，就可以保持心理上的平衡，使自己從消極情緒中解脫出來。

例如：苦悶或是煩惱的時候，不要思考引起苦悶的事情，盡量避免煩惱的刺激，可以聽音樂、看電視、玩遊戲，強迫自己轉移注意力，就可以把消極情緒轉換為積極情緒，淡化甚至忘記煩悶。

## 二、理智控制，自我降溫

理智控制是指用意志和修養來控制和舒緩不良情緒的爆發，自我降溫是指努力使憤怒的情緒降至平和的抑制狀態。

一個有理智的人，可以及時察覺自己情緒的變化，主動控制自己的情緒，使自己的情緒保持穩定。林則徐在自己的書房裡懸掛「制怒」的橫幅，就是為了提醒自己及時控制情緒。

## 三、寬宏大度，克己讓人

氣度寬大的人，胸襟開闊，奮發進取，具有團隊合作精神；氣度狹小的人，滿腹委屈，錙銖必較，最後成為孤家寡人。

我們要消除鬱鬱寡歡的心情，對於容易激怒自己的事情，以曠達樂觀的態度去面對。這樣一來，就可以使原本緊張的事情變得輕鬆。

心理學家鼓勵人們消除不良情緒的困擾，擁有正常健康的情緒，身居逆境可以超脫，有益於自己的身心健康。

# 放過憂慮，憂慮就會放過你

成功學大師卡內基在自己的書中，提到一個石油商人的故事：

我是石油公司的老闆，有些員工扣下給客戶的油量而賣給別人，但是我完全不知情。有一天，一個自稱是政府稽查員的人來找我，並且告訴我，他掌握我的員工盜賣石油的證據，要檢舉我們。但是，如果我們賄賂他，給他一些錢，他就會放過我們，我對他的行為和態度非常不高興。

我覺得這是那些盜賣石油的員工的問題，與我無關；可是，法律又有規定「公司應該為員工的行為負責」。此外，如果事情鬧到法院，就會有媒體來炒作這個新聞，最後會毀掉我的事業。

我非常憂慮，開始生病，三天三夜無法入睡，我應該怎麼做？應該付那筆錢，還是不理他，隨便他怎麼做？

我無法做出決定，每天擔心，於是我問自己：如果不付錢，最壞的後果是什麼？答案是：我的事業會被毀掉，但是我不會被關起來。然後呢？我也許要找工作，其實也不壞。有些公司可能願意雇用我，因為我瞭解石油。至此，很有意思的是：我的憂慮開始減輕，我可以開始思考，也開始思考解決方法：除了上告或是付錢之外，有沒有其他方法？找律師，他可能有更好的建議。

第二天，我立刻去找律師。當天晚上，我睡了一個好覺。幾天以後，我的律師叫我去見地方檢察官，並且將全部情況告訴他。意外的事情發生了，我說完以後，地方檢察官說：「我知道這件事情，那個自稱是政府稽查員的人是通緝犯。」我心中的石頭終於落下來，這個經驗使我永生難忘。後來，只要我開始憂慮的時候，就會用這個經驗來幫助自己跳出憂慮。

長期處於焦慮狀態中，可能導致生理和心理上的疾病，輕者包括：疲勞、頭痛、背痛、胃灼熱、消化不良、便秘、失眠、掉頭髮，重者包括：憂鬱症、高血壓、高膽固醇、免疫系統衰弱、癌症、陽痿、潰瘍。

在生理上，憂慮與肌肉緊張相互關聯。如果可以使自己的身體放鬆，自己的精神也可以放鬆，憂慮就會無處立足。

## 一、肌肉放鬆法

第一步，要使肌肉放鬆，必須讓肌肉處於過度緊張狀態。先是軀體，頭部下縮，雙眼微合，雙肩上聳，如縮頭烏龜狀，感到緊張以後，放鬆頭部及雙肩，然後將頭部以逆時針方向轉動八圈，再以順時針方向轉動八圈。做完這些動作以後，安靜地躺在床上。

第二步，也是先緊張後放鬆。將右腳拉直抬高，腳尖繃緊，直到無法堅持，然後完全放鬆，讓右腳落在床上。接著，抬起左腳，進行與右腳相同的練習。把自己的注意力集中在繃緊的那隻腳上，想像從足尖到髖部非常緊張，才有可能達到肌肉放鬆。

第三步，右手上舉，握緊拳頭，繃緊手臂肌肉，同時集中注意力，想像手臂非常緊張。感覺疲倦的時候，讓右手完全放鬆地落在床上，然後左手進行相同的練習。

第四步，眼睛放鬆。左手放下以後，雙眼保持微合，想像天花板上有一個圓圈，直徑大約四公尺。視線以順時針方向轉動八圈，再以逆時針方向轉動八圈，緩慢地轉動。

完成以上步驟以後，什麼也不要想，只要安靜地躺著，體會運動以後的那種舒服的感覺。這種放鬆方法很有效，但是要在安靜的地方進行。

## 二、暫時放鬆法

這是一種應急的方法，如果你感到憂慮，可以按照以下的步驟進行：

第一步，深吸一口氣，然後迅速吐出，這個過程可以使肌肉很快地放鬆。

第二步，不斷暗示自己「放鬆、放鬆」。

第三步，把注意力集中在有趣的事物上，停留幾分鐘。

完成這三個步驟之後，可以返回引起憂慮的問題，如果仍然感到憂慮，重複這三個步驟，直到憂慮舒緩。這種方法非常簡單，無論是在假想情景還是實際情景中，都可以反覆進行。

## 三、認知重構法

實際上，認知重構法是一種綜合療法，分為以下三個步驟：

第一步，改變態度。把消極態度轉變為積極態度，記下這些改變以後的積極態度，作為座右銘，經常閱讀，進行自我強化。

第二步，發掘病因。採用前述分析方法，發掘憂慮的病因。瞭解病因以後，必須正視它，然後用言語表達出來。這個技巧是使憂慮的潛意識衝動上升到意識的層次上，然後進行有意識的控制。

第三步，矯正行為。採用模仿、強化、幽默、自我建設性暗示等方法，對憂慮進行矯正。模仿的主要對象，是生活中的強者。可以模仿他們為人處世的方式，瞭解他們戰勝憂慮的訣竅。其實，每個人都有憂慮的體驗，有些人可以戰勝憂慮，有些人成為憂慮的奴隸。

強化是對積極性行為進行自我鼓勵，或是尋求別人的鼓勵。自我強化要從自我建設性暗示著手，應該採用建設性暗示，有效地抑制憂慮。

之前的不良暗示是無意識的，現在的良性暗示是有意識的。這樣的建設性暗示有很多，應該把它們寫下來，並且經常提醒自己，它們可以提醒自己採取有效方法以消除憂慮。

## 四、冥想

在安靜的地方坐著，閉上雙眼，放鬆身體，集中想像力於自然美景上，達到消除憂慮的效果。

氣功、太極拳、瑜伽也可以消除憂慮。許多對抗憂慮的藥物，只有在醫生指導下使用，才是安全的。

第4章 心理防禦

# 為什麼別人無法走進你的內心？

Don't be too hard on yourself.

你忘記朋友的名字、你借助新戀情療傷、你隔離所有讓自己不愉快的事情，然後苦惱地問：「為什麼沒有人瞭解我？」答案是：你開啟心靈的「防護盾」。只有內心足夠強大的時候，才可以卸下防禦。你期待那一天嗎？

## 對於某些痛苦，我們會選擇性遺忘

在現實生活中，我們會遭遇很多挫折，難以承受這些挫折對自己造成的壓力，就會感覺非常憂慮。此時，就會促使我們的心理發展一種機能，以減少挫折對自己造成的壓力，這種機能就是心理防禦機制。心理防禦機制的積極意義在於：使自己在遭遇挫折以後，減少精神壓力，恢復心理平衡，激勵自己以頑強的毅力克服困難；消極意義在於：使自己可能因為壓力的減少而自足，或是出現退縮甚至恐懼而導致心理疾病。

**在心理防禦機制的類型中，有一種是「逃避性防禦機制」，是指我們以逃避性和消極性的方法，減少自己遭遇挫折的時候感受的痛苦，**就像鴕鳥面對危險情況的時候把頭埋在沙堆裡，認為只要對危險情況視而不見，就可以降低自己的憂慮和恐懼。

逃避性防禦機制的形式之一是「壓抑」，是指我們將自己無法接受或是痛苦的經驗和衝動，在不知不覺中從意識中排除，並且抑制到潛意識中，屬於「動機性遺忘」（motivated forgetting），與因為時間久遠而自然遺忘（natural forgetting）的情形不同。有時候，我們會有失態的行為表現，就是這種壓抑的結果。

表面上看來，我們已經忘記某件事情，但是事實上，它仍然在我們的潛意識中，在某些時候影響我們的行為，以致在日常生活中，我們可能做出一些自己無法理解的事情。

# 為什麼關心的反面是嫉妒？

**我們的欲望和動機，不被自己的意識或社會接受的時候，害怕自己會表現出來，就會將這些欲望和動機抑制到潛意識中，並且表現出相反的行為，這種表現就是「反向」的心理防禦機制。**

也就是說，採用「反向」行為的個體表現出來的外在行為，與自己的內在動機相反。在電視劇中，經常有這樣的情節：一個女孩因為朋友比自己優秀，十分嫉妒對方，但是她知道這種心理不會被別人認同，就會表現出關心朋友的樣子，尤其是在公開場合，這種關心會表現得更強烈。這種刻意為之的表現，就是一種「反向」行為。但是，這不表示女孩對朋友的「嫉妒」已經被「關心」取代。實際上，女孩的嫉妒心理仍然存在，只是這種心理戴上「關心」的面具。

如果認真觀察，可以發現：真正的「關心」與反向的「關心」有明顯區別。一般而言，反向的「關心」總是表現得十分誇張，具有明顯的表演痕跡，就像「此地無銀三百兩」的愚人，欲蓋彌彰，暴露自己的真實心跡。

如果適當使用這種方法，可以幫助自己抑制不良動機，避免做出一些具有傷害性的舉動，但是如果過度使用，不斷抑制自己的欲望和動機，並且以相反的行為表現出來，就會活得非常辛苦，最後造成嚴重的心理疾病。

# 自欺欺人，是與生俱來的本能

「合理化」是一種心理防禦機制，所謂「合理化」，是指我們遭遇挫折或是無法達到追求的目標，以及行為表現不符合社會規範的時候，用有利於自己的理由為自己辯解，掩飾自己面臨的窘境，以隱瞞自己的欲望和動機，進而讓自己獲得解脫。**「合理化」是人們運用最多的心理防禦機制，其實質是：以似是而非的理由來證明行動的正確性，進而掩飾自己的錯誤或失敗，以保持內心的平靜。**

一般而言，「合理化」可以分為四種方式：

一、運用「酸葡萄心理」

「酸葡萄心理」是指：人們透過努力仍然無法得到自己想要的東西，就會對其賦予消極意義，認為它們沒有價值，以「歪曲事實」的消極方法，取得自己的心理平衡。

二、運用「甜檸檬心理」

「甜檸檬心理」是指：人們追求預期目標而失敗的時候，為了沖淡內心的不安，就會提高已經實現的目標價值，進而達到心理平衡，使自己心安理得。

三、推諉

人們把自己的缺點和失敗，推諉於其他理由，讓其他因素成為自己缺點和失敗的誘因，進而獲得心理的安慰。

## 四、幻想

無法處理工作的問題，或是無法忍受情緒的困擾，暫時讓自己離開現實，保持內心的平靜，就是用「幻想」表現出來的心理防禦機制。

美國心理學家弗蘭克是意義治療法的創立者，第二次世界大戰期間，他曾經在集中營四年，發現從集中營活著出來的人，與他們的身體素質沒有什麼關係，關鍵是：他們對未來抱持希望，沉醉於幻想中的情境，藉以讓自己忍受苦難，最終重見光明。所以，從某種角度來看，幻想可以對人們產生正面影響，有助於舒緩壓力和抒解痛苦，讓自己度過那些苦痛的日子。但是，任何事物都有兩面性，幻想這種心理防禦機制也不例外，如果我們過度徜徉於自己的幻想世界，很少針對現實採取具體行動，就會導致思維出現退化，難以從容地應對現實世界出現的各種問題。

雖然我們可以借助幻想以獲得力量，但是也要適可而止，不能沉湎於幻想世界中，以致出現歇斯底里與誇人妄想的症狀。

# 完美主義只會讓別人遠離你

「完美主義」是一種對己或對人要求的態度。抱持完美主義的人，要求任何事情達到毫無缺點的地步，因此難免按照理想的工作標準苛求，不按照現實情境考慮是否應該留有彈性或餘地。

每個人都有追求完美的傾向與需要，希望每件事情做到完美的地步，這種傾向是人們追求自我實現與自我超越的動力，促使人們為自己設定目標，並且努力地達成目標。

但是，這種傾向如果過度苛求，就會變成完美主義，不考慮自己的能力、環境的條件、別人的需要、工作可以達到的限度，要求目標的完美無缺。這樣一來，無法忍受所作所為不能達到目標，給予自己和別人許多壓力與責難，不欣賞與肯定自己和別人在努力過程中的付出，經常責備自己和別人。

在人際交往方面，為了維護自己這個完美的角色，完美主義者經常生活在一個狹小的圈子中。例如：他們不敢融入到群體中，害怕暴露自己的缺點。他們不敢表達自己的觀點和態度，給自己設定許多框架，以完美的標準要求自己，帶給自己的只有沉重的壓力。

**改變這種可怕性格的方法是：讓他們重新建立評價自己的標準——合理的、寬容的、注重自我肯定和鼓勵的標準，學習讚美自己，坦然接受別人的讚揚，並且表示感謝。**

「最完美的商品只存在於廣告中，最完美的人只存在於悼詞中。」完美永遠是可望而不可即，針對完美主義者的問題，我們開出以下的處方：

## 處方一，接受「瑕疵」

沒有「瑕疵」的事物是不存在的，盲目追求一個虛幻的境界，只會讓自己徒勞無功。生活不可能一帆風順，遭遇挫折的時候，自信和樂觀的心態更是重要，不可以自暴自棄。只有承受失敗的悲哀，才可以達到成功的巔峰。

## 處方二，正確認知自我

不要高估自己，也不要過於自卑。如果每件事情要求完美，就會成為自己做事的障礙。不要對自己太苛刻，只要對得起自己的良心，不要在意別人的評價。否則，遭遇挫折的時候，可能使自己感到疲憊。

## 處方三，設定合理目標

不追求完美，只是希望表現良好的時候，經常會出乎意料地獲得成功。尋找一件自己可以勝任的事情，然後順利完成。這樣一來，心情就會輕鬆自然，覺得自己更有創造力，生活也會因此而充實，變得富有色彩。

## 處方四，學會放鬆和控制情緒

情緒的過度緊張和憂慮，會影響我們解決問題的能力，應該學會控制自己的情緒，保持生活的規律和睡眠的充足，以飽滿的精神狀態去解決問題。

**一、學會接受不完美的現實**。沒有十全十美的人，沒有十全十美的事物，這是客觀事實，不要逃避，也不要苛求。

**二、放鬆對自己的要求**。為自己設定一個合理目標。目標太高，形同虛設，欲速則不達；目標太低，潛能受到抑制，不利於提升自己。目標合理，才可以建立自己的信心，在學習和工作中取得優異成績。

**三、重新認識「失敗」**。失敗不可怕，可怕的是對失敗的消極態度。應該把失敗看作是成功道路上的寶貴經驗，並且相信：這次失敗之後，就可以獲得成功。

**四、寬以待人**。不要總是指出別人的錯誤，讓別人感到反感和緊張。不要因為做事不符合要求而生氣，尤其是對自己的孩子。

# 拋棄「見風就是雨」的猜疑

猜疑心理是一種由主觀推測而對別人產生不信任感的複雜情緒。猜疑是人性的弱點之一，是害人害己的禍根，是卑鄙靈魂的夥伴。我們如果掉進猜疑的陷阱，就會捕風捉影，對別人失去信任，對自己心生疑竇。猜疑心理是人際關係的蛀蟲，不僅影響自己的身心健康，也會損害正常的人際交往。

猜疑心理是如何養成的？

一、**心理不健康**。他們經常歪曲地理解別人的言行，例如：別人讚揚他們，他們會認為是在譏諷自己；別人批評他們，他們會認為是在攻擊自己。狹窄的心胸，使他們無法接受別人的正確評價。

**二、思想主觀。**戴上「有色眼鏡」去觀察別人，用別人的舉動來驗證自己的看法，經常歪曲事實，對別人產生懷疑。

**三、缺乏自信。**他們以別人的評價來作為衡量自己言行的標準，在意別人的說長道短。別人的態度不確定，他們就會從不利於自己的方面去懷疑。

**四、聽信流言，不進行分析，產生疑慮。**

猜疑是良好人際關係的敵人，它會破壞朋友之間的友誼，疏遠同事之間的關係，無端地挑起衝突，並且影響自己的情緒。生活在猜疑中的人，容易鬱鬱寡歡，缺少內心的平靜。

喜歡猜疑的人，要開闊自己的心胸，加強自身的修養，培養開朗的性格，對於需要澄清的事情，誠懇地與別人交換意見；對於雞毛蒜皮的事情，不必過分在意別人的態度；對於似是而非的事情，要用理智分析對待，不要感情用事。冷靜地對待別人的猜疑，才是我們應該保持的正確心態。

喜歡猜疑的人，會注意別人對自己的態度，無法自然地與別人交往，久而久之，不僅自己心情不好，也會影響人際關係。

我們應該如何進行心理調適？

## 處方一，進行積極的自我暗示

自己開始猜疑的時候，可以暗示自己：他們的行為是善意的，沒有惡意，是自己多慮了，應該向他們表示感謝。

## 處方二，進行思維轉移

自己開始猜疑的時候，可以轉移思維，思考其他的事物。

## 處方三，用理智克制衝動

自己開始猜疑的時候，應該立刻尋找產生懷疑的原因，引進正反兩個方面的訊息。此時，冷靜思考非常有必要。

## 處方四，建立自信

我們應該看到自己的優點，建立自信，相信自己可以妥善處理人際關係，給別人留下良好的印象。

## 處方五，使用「自我安慰法」

不要在意別人的言論，這樣一來，不僅可以讓自己解脫，也可以取得一些精神勝利，產生的懷疑就會消失。

## 處方六，及時溝通，解除疑惑

自己開始猜疑的時候，冷靜思考是很重要的。冷靜思考以後，如果疑惑依然存在，就要透過適當方式，與對方進行溝通。

想要避免猜疑，就要實事求是，在猜疑得到證實之前，不以懷疑為基礎，進行「合理推論」。

## —第5章— 身分認同

# 定位自己在社會中的角色

Don't be too hard on yourself.

社會心理學家艾瑞克森把人類的一生分為許多階段，每個階段會扮演一個角色，成功的角色扮演會得到某種品格，失敗的角色扮演會得到相反品格。回想自己的所有經歷，你想要得到什麼？將要得到什麼？

# 各司其職，遵守自己的角色規範

在人類社會中，彼此之間的相互作用，不是簡單的刺激與反應，而是被限制於某些角色規範中。

「角色」原本是戲劇和電影中的名詞，是指劇本中的人物。在戲劇和電影中，角色是獨立於個人而存在，具有兩層含義：

第一，不管是誰，只要擔任某個角色，就要按照這個角色的行為模式來行事。

第二，扮演某個角色的演員會消失，但是這個角色一直存在，即使這個演員不存在，將來其他演員仍然可以扮演這個角色。

人際關係心理學的角色概念，就是借用這種含義，表示在社會關係中某種地位規定的行為模式。人類社會就像一個天然舞台，各種活動就像「社會劇」。我們在這些「社會劇」中，按照一定的行為模式，扮演自己的角色，各司其職，各盡其責，演出絢麗多彩的戲碼。

衛國有一戶人家娶媳婦，婆家借來兩匹馬，加上自己家裡的一匹，用三匹馬駕車，隆重地迎接新娘。到了新娘家，迎親的人將新娘扶上馬車，告別娘家的人之後，就趕著馬車往回走。

不料，坐在車上的新娘指著兩邊的馬，問駕車人：「兩邊的馬是誰家的？」駕車人回答：「是向別人家借來的。」新娘又指著中間的馬，問駕車人：「中間的馬是誰家的？」駕車人回答：「是你婆家自己的。」新娘說：「如果你覺得馬車走得慢，就要打兩邊的馬，不要打中間的馬。」駕車人感到有些奇怪。

迎親的馬車繼續前進，終於到了新郎家。伴娘立刻上前將新娘扶下車，新娘對伴娘說：「做完飯以後，要把爐灶中的火熄掉，不然會失火。」伴娘雖然礙著面子點頭，但是心裡很不高興。

新娘進到家門，看見一個石臼放在堂前，立刻吩咐旁邊的人：「把這個石臼移到屋外的窗戶下，放在這裡妨礙別人走路。」婆家的人聽到新娘說話沒有分寸，在心裡暗暗發笑，認為她不會見機說話。

透過這個故事，我們可以知道：說話和做事的時候，首先要考慮自己的角色，再根據這個角色的要求，說適合的話，做適合的事。如果不顧自己的角色，即使是好話和好事，也無法得到別人的重視。

開放性的社會系統，是一種社會角色的網路結構。社會是角色系統，我們是角色系統中的子系統。因此，想要獲得和諧的人際關係，就要注意自己的角色規範。

**角色行為中的角色規範成分，使別人可以瞭解我們的角色動機和角色情緒，並且做出相應的反應。**

故事中的新娘，沒有察覺到自己作為媳婦，應該遵守什麼行為規範，顯得非常可笑。角色規範的存在，指示人們需要滿足的方式，以及提出相應的行為目標，使人們瞭解應該做什麼和不應該做什麼，進而使社會機制可以正常運轉。

## 解決角色衝突，做臥室門外的女王

每個人都要在社會中扮演許多角色，這些角色如果無法相容，就會產生角色衝突。角色衝突會導致憂慮、緊張、苦惱、效率下降，或是使自己從不相容的角色中撤退，重新定位或是透過協調，減輕自己的壓力。

有一次，維多利亞女王和丈夫吵架，丈夫非常生氣，閉門不出。

女王來敲門，丈夫問：「你是誰？」

女王理直氣壯地回答：「我是英國女王。」

屋裡沒有聲音，女王又敲門，聲音平和一些：「我是維多利亞。」

裡面還是悄然無聲。最後，女王柔情地說：「親愛的，開門，我是你的妻子。」門悄聲地開了。

這個故事告訴我們，不要只想到自己的權力和地位，要在不同的時候扮演不同的角色。我們經常會扮演許多角色：主管、員工、父親、母親、丈夫、妻子、兒子、女兒……角色與人們的心理健康密切相關，成功扮演這些角色的時候，可以滿足社會的期望，也可以滿足自己的需求。

如果我們無法在需要的時候轉換自己的角色，在心理上或是生理上，就會感到不自在。換句話說，為了使人際關係更融洽，這種能力不可或缺——觀察自己在各種情境下應該扮演的角色，並且做出相應的角色行為。雖然在大多數的情況下，角色轉換會自動進行，但是為了有備無患，還是必須多加注意。

研究證明，總是生活在角色衝突中的人，經常心跳加快、血壓增高，美國社會心理學家米德把這種現象稱為「角色緊張」。想要消除角色衝突，可以採取以下幾個方法：

**學會角色換位**。考慮和處理問題的時候，不要站在自己的角度，應該站在別人的角度，「將心比心」、「設身處地」，體驗不同角色的需求和感受，例如：丈夫站在妻子的角度，妻子站在丈夫的角度，下屬站在主管的角度，主管站在下屬的角度。這樣一來，就可以消除角色衝突，保持人際關係的和諧。

**進行角色調整**。不同的角色，有不同的權利與義務。轉換角色以後，應該明確認識這個角色的權利與義務，清晰理解這個角色的行為規範，以求順應變化，轉換角色行為。

**避免角色混同**。角色的權利與義務不同，不能混為一談，應該區別對待。例如：在異性交往中，男性要區別妻子、女朋友、女同事，女性要區別丈夫、男朋友、男同事。如果將許多異性對象混同為一種角色，就會產生很多衝突。

# 你沒有自己想像的那麼重要

某一天，你改變以往的穿衣風格，穿著一件從來沒有穿過的衣服，走出家門以後，你感覺所有人都在看著自己，這種現象就是心理學中說的「焦點效應」。

「焦點效應」也稱為「社會焦點效應」，是指人們經常高估別人對自己外表和行為的關注度。**也就是說，人們經常會把自己視為中心，並且直覺地高估別人對自己的注意程度。**

關於「焦點效應」，心理學家吉洛維奇曾經進行實驗：一個學生穿著一件有喜劇演員頭像的衣服，然後以等候進行實驗為藉口，坐在五個穿著普通衣服的學生中間，並且請他進行預測，有幾個學生會注意到他的衣服。他認為，有三個學生會注意到他的衣服。然而事實上，詢問那些學生的時候，只有兩個學生注意到他的衣服。

「焦點效應」經常會讓人們過於關注自己，過分在意自己在公共場合的表現，為一些自以為是的尷尬而鬱悶。其實，這種負面的心理只是庸人自擾，因為很多人沒有注意到他們認為的窘態。

很多時候，都是我們對自己過於關注，並且認為別人也會如此關注自己。其實，這只是「焦點效應」在作怪，覺得自己是別人視線的焦點。

一般來說，如果你不是電影明星或是政治人物，你沒有自己想像的那麼重要，你受到的關注也沒有你想像的那麼多。因此，沒有必要為自己在公共場合的窘態而鬱悶，因為無論你的表現是好是壞，別人忘記的速度總是超過你的想像，甚至轉身以後，他們不再記得你曾經做過什麼。

# 摘下面具，本色有特別的美

有一位作家，曾經說了一個故事：

一天，他在一間寺廟裡吃齋飯。席間，他問僧人寺廟的齋飯為何這般清淡？為什麼不多放一些作料？

僧人指著桌上的一盤青菜，笑著說：「每個人都會吃青菜，可是有幾個人品嘗到青菜的味道？想要品嘗到青菜的味道，只要將其洗淨放在清水裡煮就可以，這樣吸取的才是青菜真正的營養。世人所吃的青菜，看似做法講究、味道鮮美，他們品嘗的只是青菜作料的味道，滿意的只是廚師的精湛技術，沒有品嘗到青菜的味道和營養。」

僧人的一席話，道出我們生活中經常忽略和遺忘的本色。是啊！在這個複雜多變的社會中，每個人為了保護自己，刻意地給自己加上「作料」，粉飾自身。雖然這是一種自我保護的需要，但是因為每個人都戴著面具，我們逐漸失去真實的一面，無法體會到真實給自己帶來的快樂。

真實是保持做人本色的本真表現，做人應該講究真實。真實就像循環的能量一樣，可以幫助我們充滿活力。

除去自己的面具，回想覺得自己「真實」的時刻。保持做人的本色，不要丟掉自己真實的一面，用真實的一面去體察，就可以透過膚淺的表象看到世界的真貌。

隨著自己變得越來越真實，可以看到表面之下的靈魂，不再擔心年齡和外表。我們最重視的成功和幸福，只能從自己生命的本色中獲得。

失去本色的人生，是沒有光澤的人生。做人，應該保持自己的本色。

# 告別自卑，你是最好的自己

人類最大的弱點就是自卑，至少有百分之九十五的人其生活會受到自卑的影響。很多無法獲得成功和幸福的人，也是因為有嚴重的自卑感。自卑心理嚴重的人，不一定具有某種缺陷，而是無法接受自己，把自己放在不被別人喜歡的位置，並且陷入不可自拔的境地。**自卑感的產生，不是來自「事實」和「經驗」，而是來自我們對事實和經驗的評價。**自卑感會影響我們的生活，不是我們在智慧上或知識上不如人，而是我們有不如人的感覺，這種感覺經常使我們無法正確地判斷自己。

自卑感會給我們的生活帶來負面影響，也是加速我們衰老的催化劑。因此，我們應該摒棄自卑心理，客觀地分析自我、認識自我、熱愛自我。

以下有幾個戰勝自卑的方法：

## 全面瞭解自己

列出自己的興趣、嗜好、能力、特長，即使非常細微也不要忽略，然後和其他同齡人進行比較。透過全面瞭解自身情況和外在世界，對自己的失敗抱持客觀態度，不要看得過於嚴重，以積極態度面對現實。

## 轉移注意力

我們不可能十全十美，也不可能一無是處。不要把注意力放在自己不擅長的事情上，要把注意力放在自己最擅長的事情上，從中獲得的樂趣可以強化自信，驅散自卑的陰影，舒緩心理壓力和緊張。

## 對自己的自卑進行心理分析

這種方法可以在心理醫生的幫助下進行，具體做法是：透過自己的聯想，以及對早期經歷的回憶，找出導致自卑心理的原因，讓自己瞭解：自卑感是建立在虛幻的基礎上，與自己的現實情況無關，因此是沒有必要的。這樣一來，就可以從根本上瓦解自卑心理。

## 用行動證明自己的能力與價值

先做一件自己有把握的事情，完成以後，再做另一件事情。這樣一來，可以收穫成功的喜悅，在成功的喜悅中，達成更高的目標。確實認為自己可以完成一些事情的時候，還有什麼理由懷疑自己的能力？

## 在其他方面彌補自己的缺點

我們在某個方面有缺陷，可以在其他方面謀求發展。一個身材矮小或是過於肥胖的人，可能無法成為模特兒，可是還有許多對身材沒有苛刻要求的工作。只要我們抱持積極態度，對自己揚長避短，就可以將這些缺點轉化為動力。這個方面的著名事例數不勝數，例如：身材矮小的拿破崙、身短耳聾的貝多芬、下肢癱瘓的羅斯福。最後，他們成為卓越人士，在某個方面改變世界。

## 推翻內向的自我形象

每個人都是自己的主宰，除了我們自己，沒有人可以決定我們的命運。因此，個性是否內向，不是上帝的安排，而是自己的決定。認為自己個性內向的時候，就會賦予自己內向的自我形象。如果這個形象標籤進入潛意識中，就會約束自己的行為。

對自己的人際關係缺乏信心的人，可以列出自己所有的朋友，就會發現自己竟然有如此廣泛的交往，可以證明自己並非個性內向。

不必埋怨現狀，只要珍惜自己擁有的東西，充分發揮其作用，就可以戰勝自卑而找到自我。因為可以表現自身價值的不是那些外在的東西，而是內涵、修養、品格。

## 第6章 社交焦慮

# 你可以打造優質人際關係




Don't be too hard on yourself.

我們生活在這個世界上，經常與許多人產生聯繫，聚會、工作、戀愛……如果你害怕這種交往，就會失去與朋友的親密關係、老闆的信任和提拔、一份美好的愛情。現在，我們就要學習如何在社交中從逃兵變成國王！

# 人群羞怯症：扔掉自己的羞怯

羞怯既指害羞，也指膽怯。人們總是認為，羞怯是未成年人的心理特徵，隨著年齡和閱歷的增長，會自然地被克服。然而，根據史丹佛大學的心理學家進行的調查，在一萬多個成人中，大約四〇％的人有不同程度的羞怯心理，而且男女人數比例基本相同。幾乎所有人都有某種程度的害羞和膽怯，只是有些人表現得特別嚴重。羞怯心理強烈的人，在人際交往中表現為：還沒有說話，臉已經紅了；聲音低沉，心跳加快；遇到困難的時候，不好意思向別人請教。羞怯心理會影響我們的正常交往，不利於發揮自己的能力，以及適應社會環境。

羞怯心理的產生，有三個方面的原因：

一、**青春期生理變化引起的感應性反應**。人們在青春期的時候，生理和心理發育最旺盛，激素分泌比較多，受到外界刺激的時候，會破壞體內的平衡而變得緊張，產生冒汗、臉紅、心慌的感應性反應。

二、**自卑心理的影響**。具有羞怯心理的人，不敢與別人交往，尤其是不敢與陌生人交往，因為對自己的信心不足，害怕出錯。

三、**成長環境的影響**。如果在童年或是少年時期，曾經被別人訓斥或嘲笑，內心會形成陰影，進入類似環境或是陌生環境的時候，就會出現膽怯反應。

人類的害羞心態，似乎是一種與生俱來的特質，從某些情況來看，害羞不是貶義詞，有些人認為：「適當的害羞，是一種美德。」在現實生活中，我們會遇到一些害羞的人，他們對自己缺乏信心，不喜歡表現自己，無意與別人競爭，猶豫不決，不善於交際，但是勤於思考，經常為別人著想。我們也會遇到一些不害羞的人，他們對自己很有信心，但是過於冒失，容易與別人發生爭執，甚至得罪別人。因此，害羞與否是好是壞，不能一概而論，但是不能超過限度，過度的害羞會讓自己消極保守，沉溺在自我的圈子裡，不利於自己獲得成功，甚至有可能造成心理障礙。

美國心理學家華倫・瓊斯博士認為，害羞經常被認為是人們的缺點，但是這個缺點並非有害無益，正好相反，它可以變成許多優點。假如你非常害羞，可以認識它，並且加以發揮：

一、害羞的人比較聰明。他們少說多做，勤於思考，非常機警。

二、害羞的人比較可靠。很多人信任他們，因為他們不會搬弄是非。

三、害羞的人是比較好的夥伴。他們不喜歡表現自己，經常為別人著想。

四、害羞的女性比較令人喜歡。她們賢淑拘謹，不會說三道四。同時，大多數男性認為，害羞的女性具有神秘感，更有魅力。

五、害羞的人喜歡閱讀和記錄。

六、害羞的人可以體諒別人。交談的時候，他們會認真傾聽，不會打斷別人說話。

七、害羞的人可以成為好朋友。如果對方誠懇待人，他們會努力維繫這種友誼。

當然，對於不正常的害羞，還是要努力克服。克服害羞，使自己可以存活於社會中的方法是：讓自己變得更勇敢。勇敢是指：適時地為自己辯護，並且表達自己的意見和需求，不會讓人覺得曖昧不明。想要保持自己的尊嚴並且獲得成功，就要讓自己變得更勇敢。

勇敢不是蠻橫、凶悍、粗暴，那是好鬥挑釁的特徵，勇敢是以禮貌的方式提出自己的需求，保持自己和別人的面子，贏得別人的好感。

**害羞的人有一種移情作用——在意別人的感覺，以至於不好意思向別人提出要求。這樣的情況，使他們無法滿足自己的需求，並且讓別人有機會利用他們，憤怒和焦慮就會油然而生。**

害羞的人把別人看得比自己重要，把別人的需求擺在自己的需求上。他們相信，如果別人不喜歡他們，至少可以讓別人需要他們。最後，他們無法拒絕別人的要求，別人也會經常欺負他們。

我們應該如何戒除羞怯心理？

## 一、如果你是完美主義者

如果你是完美主義者，必須打破完美主義的迷思，不要把自己當作神，勇於做一個普通人。

然後，必須對那些會使自己害怕的場合感到麻木，有些人可能會對你說：「勇敢地面對，你很快就可以適應！」大錯特錯！如果有某個場合把你嚇得半死，你的恐懼可能會變得更牢固，使你的情況變得更糟。

最好的方法是：採取漸進方式，讓自己接觸各種社交場合，讓自己的恐懼上升、到達頂點、下降，在恐懼即將消失的時候離開。基本上，這樣可以訓練自己的身體在面臨那些場合的時候，可以由自己的意志來控制。

列出那些讓自己害怕的場合，必要的時候，可以將它們分成更細的步驟，然後按照重要程度依序排列，選出某個場合，在自己的腦海中開始想像並且排演自己在那個場合中的行為，讓自己的恐懼上升、到達頂點、下降。恐懼即將消失的時候，停止所有想法並且鼓勵自己，從最簡單的場合演練到最困難的場合。最重要的是：自己的恐懼降低之後，才可以讓自己的想像離開那個場合。

## 二、成為一個健談的人

克服害羞的方法是：成為一個健談的人，學習如何讓對話持續。改善對話的技巧，有助於減輕害羞造成的緊張，可以培養思考談話內容的習慣，累積一些話題以供而後之需。參與一些需要談話的場合和活動之前，可以事先想出一些可能會談論的話題，思考發生在自己身邊的事情如何才可以成為話題，例如：在排隊的時候，想像自己突然遇見一個曾經見過的人，以及你們可能會討論的話題。

可以和別人討論他們的興趣和嗜好，經常閱讀報刊書籍可以讓自己獲得許多知識。如此累積知識，有助於自己開始並且持續談話。

記下自己感到害怕的事情，就會覺得這些害怕不可思議，而且完全沒有必要，進而預先做出克服它們的準備。例如：面試的時候，擔心自己在交談中會缺乏應變能力，可以在交談以前預測對方的問題，甚至自言自語地進行練習，就可以臨場不懼而應付自如。

## 三、結交朋友

如果你參加社團、接受教育課程、加入組織，應該已經認識很多人，但是如何把這些人變成自己的朋友？

首先，不要把自己的友情放在一個人身上，嘗試和不同個性的人交往，可以依靠直覺判斷誰可以成為自己的朋友。例如：如果你和對方交談甚歡，很高興找到趣味相投的朋友，你們之間的友誼就可以立刻建立。然而，大多數的友誼不是一蹴而就，而是在交談幾次以後成為朋友，這也是為什麼學校、社團、機構、活動組織是結交朋友的好地方。

如何知道哪些不熟識的人喜歡你？他們會主動找你聊天，這樣一來，恭喜你，你可能已經交到一個朋友，可以邀請他們共進午餐，如果感覺很好，再邀請一次。如果他們也找你出去，這是一個好現象，但是不要期待過多，他們可能和你一樣害羞。

其次，可以和他們從事一些活動，例如：逛街、游泳、慢跑，如果感覺很好，你應該已經交到一個朋友。

想要讓自己身邊的人都成為朋友，這種機率很小，但是自己認識的人越多，越有可能找到朋友。如果你覺得和陌生人交談很困難，會發現交朋友更是不容易。所以，勇敢地去做吧！

# 人際關係敏感症：沒有人要害你

羅患人際關係敏感症的人，有些自卑和悲觀，在人際關係中有所欠缺。人際關係敏感症的主要表現是：

- 無法正確處理自己與社會的相互關係
- 在人群中感到不自在
- 與別人相處的時候，具有強烈的戒備、懷疑、嫉妒心理
- 在人際關係上存在許多困惑
- 與身邊的人關係緊張

一般來說，過於敏感的人容易對別人的話語和行為產生許多猜疑，非常在意別人的眼光。然而，引來的卻是痛苦和內疚，給自己增添許多恐懼，害怕自己的話語和行為惹怒別人。於是，他們開始隱藏自己的個性，以為只有這樣才是最妥當的。他們不知道，總是活在別人的眼光裡，其實是最痛苦的。

人際關係敏感症可以透過以下的方法來治療矯正：

## 一、認知療法

瞭解自己的心理問題，消除不合理的想法，進而消除自己的症狀。充實自己的內心，讓自己獲得成長，收回把敵意投射到別人身上的防禦模式，消除人際關係敏感。

## 二、仔細思考

仔細思考自己的選擇，以及應該排除的瑣事，集中注意力，就會發現：無論如何，自己總是可以做出選擇。在很多情況下，自己做出的事情就是自己選擇的結果。所以，仔細思考自己的生活方式，也許會發現自己的選擇是正確的，這樣一來，就可以提高自己的快樂指數。

## 三、不為小事浪費時間和精力

在學習中追求完美主義，是造成心情不愉快的主要原因。不要讓自己成為一個過度謹慎的人，允許自己可以偶爾失誤，允許別人可以偶爾侵犯。

## 四、不要抱怨

抱怨某個問題無法解決問題，只會導致別人的不愉快，改變自己的思路就會有新的出路。從解決問題的角度而不是問題本身來進行思考，思考解決問題的方法和途徑，然後進行推測：如果是自己敬佩的人，他會如何解決這個問題。

## 五、珍惜現在

專注於當前的時刻，將其視為一個神聖的時刻。無論現在做什麼，都要把它做好，這是快樂的泉源。注意防止只重視時間和目標，以及試圖同時做很多事情。只重視時間和目標，會使自己陷入焦慮和緊張的狀態；試圖同時做很多事情，會使自己經常犯錯，使自己失去快樂而心情沮喪。

## 六、變消極為積極

生活中有兩種力量，一種是積極的力量，另一種是消極的力量。我們的時間有限而珍貴，不要「纏綿」於消極情緒中而浪費時間，可以把消極情緒限制在某個時間裡，然後立刻關閉消極情緒，讓自己大多數時間生活在積極情緒中。

## 七、學會適應

如果不喜歡某些人的行為又無法迴避，先嘗試學會與之共處——一次即可。然後，站在他們的角度，思考他們為什麼如此，就可以學會寬容與接受他們。

## 八、憧憬快樂

假如你現在不快樂，想像快樂的感覺並且相信它是真的，然後思考，自己快樂的時候喜歡做什麼。做一個樂觀主義者，期待最好的結果，可以給別人帶來良好的影響，並且不知不覺地影響自己。快樂不是獲得自己想要的東西，而是珍惜自己現在擁有的東西。

## 九、發揮長處

也許你比別人更擅長做一些事情，就要在機會來臨的時候表現自己。如果可以，在眾人面前，談論自己內行的話題，從事自己熟悉的工作，這樣一來，就不會感到緊張和壓力。

# 自我封閉症：沒有人是一座孤島

自我封閉是指：將自己與外界隔離，很少或是完全沒有社交活動，除了必要的工作、學習、購物以外，大多數時間把自己關在家裡，不與別人來往。自我封閉的人很孤獨，沒有朋友，甚至害怕社交活動。

具有封閉心態的人，不願意和別人溝通，很少和別人說話，不是無話可說，而是害怕或討厭和別人說話，前者屬於被動型，後者屬於主動型。他們只願意與自己交談，例如：寫日記、撰文詠詩，以表志向。自我封閉行為與生活挫折有關，有些人在生活和工作上遭遇挫折與打擊以後，精神上受到壓抑，對周圍環境逐漸變得敏感，甚至無法接受，就會出現迴避社交的行為。

**實際上，自我封閉心理是一種心理防禦機制。**我們在成長過程中經常遭遇挫折，這些挫折引起我們的焦慮。有些人抵抗挫折的能力比較差，使得焦慮逐漸累積，只能以自我封閉的方式來迴避環境，以降低自己的挫折感。

自我封閉症可以透過以下的方法來治療矯正：

## 一、學會關心別人

想要被別人關心，就要先關心別人。關心別人，幫助別人克服困難，不僅可以贏得別人的尊重和喜愛，而且由於自己的關心引起別人的反應，也會給自己帶來滿足感，增強自己與別人交往的信心。

除了關心別人以外，遇到困難的時候，要學會向別人求助。別人幫助你克服困難，你的心理就會從緊張轉為輕鬆，可以使自己瞭解與別人交往的重要性，而且由於自己的誠摯感謝，別人也會感到愉快，進而實現彼此之間的情感交流。

## 二、學會正確評價自己

在人際交往中，正確地評價自己，可以使自己表現自然，獲得別人肯定的評價，這種評價對於幫助自己克服自卑和自傲的心理障礙非常有利。

此外，「知人之明」對於合群也是非常重要的。社會心理學的研究指出，人們在評價別人的時候，經常帶有主觀印象，結果因此而「失真」。例如：我們經常根據一些個人資料（身分或職業），推斷某個人的性格——老闆總是錙銖必較的。這種錯誤的人際知覺，使自己無法與別人和睦相處。因此，只要可以瞭解這些人際知覺中的偏見並且不為之所囿，自己就可以合群。

## 三、學會一些交際技能

如果與別人交往的時候總是失敗，由此而引起的消極情緒會影響自己的合群性格。如果可以學習一些交往的藝術，有助於交往的成功。例如：掌握一些活動技能（跳舞、游泳、打球……）就會發現自己在許多場合都可以成為受歡迎的人。

## 四、保持人格的完整

與別人相處的時候，不應該苛求別人，應該採取隨和的態度，但那是有限度的。隨和不是放棄原則，遷就不是予取予求。如果是這樣，無法得到別人的信任和尊敬，也無法使自己合群。

想要保持人格的完整，最好的方法是：在待人接物中，明確表現自己的原則和態度，讓別人知道你是怎樣的人。這樣一來，別人不會勉強你做自己不願意做的事情，你也不會因為經常拒絕別人的要求，影響彼此之間的人際關係。

## 五、學會和別人交換意見

合群性格的形成，依靠良好的人際關係；良好的人際關係，肇始於相互的瞭解；相互的瞭解，依靠彼此在思想上的溝通。因此，經常與別人說話，討論一些問題，交換一些意見，是十分必要的。

友情是在相互的施與愛之中生長，如果主動伸出善意的手，就會被無數友善的手握住。

# 社交恐懼症：不要害怕陌生人

**社交恐懼症是一種能力受損的精神問題，害怕別人的凝視是這種病症的明顯特徵。**只要在公共場合中，患者就會緊張和焦慮，嚴重的時候會產生驚恐，並且可能伴隨一些生理症狀，例如：顫抖、臉紅、出汗、心悸、呼吸困難、腹痛。一般來說，他們會主動迴避許多社交活動，導致自己的交際功能減退或是職業功能受損，並且引發情緒低落。

一般情況下，大多數人都會害怕接觸陌生人。但是，他們不是單純地害怕接觸陌生人，而是處於一種焦慮狀態——害怕自己在別人面前出醜，害怕被別人觀察。所以，對他們來說，與陌生人交往，甚至在公共場合出現，都是非常恐怖的事情。

社交恐懼症可以透過以下的方法來治療矯正：

一、暴露療法

想要克服恐懼，就要直接面對恐懼。但是，這種方法不是對所有人都有效。有些人完全無法面對，不久之後，又進入恐懼之中，還是採取迴避策略。

二、做一些克服羞怯的運動

兩腳平穩地站立，然後提起腳跟，堅持幾秒鐘以後放下，反覆做三十下，每天這樣做幾次，可以消除心神不定的感覺。

三、準備應急措施

與別人相處的時候，無論聚會是否正式，剛開始的時候，可以握著一些東西，例如：一條手帕，或是其他東西。握著這些東西，對於害羞的人來說，會覺得比較舒服而且有安全感。

## 四、勇敢地看著別人

對於一個害羞的人，這樣做比較困難，但是一定要做到。例如：總是迴避別人的目光，不是顯得很幼稚嗎？為什麼不拿出勇氣，充滿自信地看著別人？

## 五、充實自己

有時候，我們的羞怯不是因為過度緊張，而是自己的知識領域過於狹窄。可以透過閱讀報章雜誌，開拓自己的視野，豐富自己的閱歷，就可以在社交場合中，充分表達自己的意見。這樣一來，有助於自己增強信心，克服羞怯。

# 人際孤獨症：不要把脆弱當作武器

有些人經常覺得自己孤苦無依，性格孤僻，害怕交往，莫名其妙地封閉內心，或顧影自憐，或無病呻吟。他們不想投入生活中，抱怨別人不瞭解自己，不接受自己。在心理學上，這種心理狀態稱為「閉鎖心理」，因此而產生的感覺與世隔絕的情緒體驗稱為「孤獨感」。

**孤獨是由於自己與別人的空間距離或心理距離（後者的作用更重要，隨著科學技術的發展，各種通訊方式的應用已經使空間無法成為阻礙人們交流的鴻溝）而感到交流困難，因此產生的心理障礙，嚴重者將會導致憂鬱症。**

每個人在一生中都會感到孤獨，這種心理無法得到疏導而發展成習慣，性格就會變得孤僻古怪，甚至可能導致自閉症，產生厭世輕生的心理。

人際孤獨症可以透過以下的方法來治療矯正：

## 一、戰勝自卑

覺得自己跟別人不同，所以不敢跟別人接觸，這是自卑心理造成的孤獨狀態。就像作繭自縛一樣，想要衝出這層包圍自己的黑暗，就要咬破自卑心理織成的繭。其實，不必因為自己跟別人不同而憂思重重，只要擁有自信，鑽出自己織成的「繭」，就可以與別人交往。

## 二、與外界交流

感覺孤獨的時候，可以邀請朋友一起聚餐。與朋友們的聯繫，不應該只是在感覺孤獨的時候，或許他們也像你一樣，想要感受友誼的溫暖。

## 三、享受自然，走入社會

習慣孤獨的人，可以享受孤獨給自己的閒暇時間。生活中有許多活動，都是充滿樂趣的，孤獨可以使我們體會它們的美好。許多遭受厄運襲擊的人，經常不由自主地走到海邊，被清涼的海風吹拂，心情就會逐漸開朗。有一個女孩說，自己經常走到熱鬧的街道上，覺得只要置身於川流不息的人潮中，就會忘記自己的寂寞。

## 四、制定人生目標

想要排除自己的孤獨，可以給自己制定一些目標，並且培養一些興趣。一個有所追求的人，不會感到寂寞。

## 第7章 自我控制

# 破譯潛意識的「指令」

Don't be too hard on yourself.

很多人都在說自己渴望成功，但是你的潛意識已經洩露你的內心——它追蹤你思維中的聲音、非言語的動作與情緒，然後逐漸改變你的人生。現在，創造一種積極主動的生活，不要讓人生的夢想只停留在自己的嘴唇上！

# 所謂信仰，其實就是自我暗示

暗示是一種心理影響，透過使用語言、手勢、表情，把某種概念或結論輸入我們的大腦，使自己不加考慮地接受某種意見或是做某件事情。

## 暗示是如何產生作用？

心理學家和精神分析學家指出，如果某種想法進入潛意識思維中，大腦就會獲得資訊，進而留下相應的痕跡。**潛意識思維會針對我們累積的知識和想法進行工作，並且產生相應的結果。**

心理學家曾經對在催眠狀態下的人進行實驗，發現如果人們接受暗示，潛意識思維就會依據暗示的內容做出相應的反應。例如：心理學家告訴一個處於催眠狀態的人，說他是美國總統或是一隻貓，他的個性特徵就會發生暫時性的改變——相信自己是實驗者說的那個人或是動物。同樣的道理，如果某個處於催眠狀態的人被告知自己的背上有一隻昆蟲，或是他的鼻子在流血，或是他在一個冰窖裡，他的身體就會做出相應的反應，對自己的實際情況視而不見。

對於同樣的暗示，不同的人會有不同的反應，因為每個人潛意識的狀態不同。暗示是否可以真正產生作用，在於當事者的信心與想像程度。

## 消極性暗示是潛在的精神殺手

暗示可以訓練和控制自己，也可以約束和命令別人。積極性暗示可以給自己帶來財富和運氣，消極性暗示對於自己的思維有不同程度的傷害，進而給生活和工作帶來痛苦。其實，許多人經常接受消極性暗示，只是不知道應該如何擺脫，使自己在潛意識中主動接受這些暗示。

在潛移默化中，這些暗示就是潛在的精神殺手，會對我們的成長產生巨大的影響。這些暗示會影響我們的言行舉止，使自己在人際交往中遭遇挫折。這些消極性暗示是否可以消除？答案是肯定的。只要透過適當的自我暗示，就可以走出消極性暗示的陰影，改正錯誤的生活方式，走進人生理想的生活軌跡。

美國著名作家拿破崙・希爾在《思考致富》一書中認為，自我暗示是一種建立正確財富觀念的方法，並且首次提出六個自我暗示的「黃金」步驟：

第一步，在心裡確定希望擁有的財富數字。籠統地說「我需要很多錢」沒有積極作用，必須確定自己要求財富的具體數字。

第二步，確實決定自己會付出什麼努力與代價去換取自己需要的錢——在這個世界上，沒有不勞而獲。

第三步，規定一個固定的日期，在這個日期之前，賺到自己要求的錢——沒有時間表，永遠無法達成目標。

第四步，制定一個實現理想的可行性計畫，並且立刻進行——習慣「行動」，不要耽誤於「空想」。

第五步，將以上四個步驟清楚地寫下來——不可以只依靠記憶，一定要寫下來。

第六步，每天大聲朗誦自己寫下的計畫內容兩次。一次在晚上睡覺之前，另一次在早上起床之後——朗誦的時候，必須相信自己已經擁有這些錢。

以上的自我暗示步驟看似簡單，其實非常重要。所以，拿破崙・希爾在書中反覆叮嚀：「對於沒有接受嚴格心靈鍛鍊的人來說，以上六個步驟『毫無效果』……必須記住，把這些步驟傳承下來的人，不是沒有完善意識和致富勇氣的平庸之輩，而是在世界經濟和政治領域中非常成功的傑出人物。」

拿破崙・希爾的自我暗示步驟，讓我們深刻瞭解自我暗示的重要性與激勵作用：我們在心裡為自己描繪的形象，可以決定自己的未來。

因此，經常用帶有激勵色彩的自我暗示的話語提醒自己，可以使積極態度融入自己身心，並且可以長期保持，形成強大的心理力量，激勵自己前進。

積極的語言包括：

我是負責任的！

我是最優秀的！

我一定會成功！

好運即將降臨在我身上！

……

這樣的詞語，根據自己的情況和需要可以有所不同，但是目的相同：提高自信，督促自己不斷前進。

著名的霍桑實驗顯示：生產效率的高低，除了受到外部因素的影響，在更大的程度上，取決於士氣的高低。人們經常透過一些特殊方法——用某種語言和行為來刺激，進而達到提升士氣的目的，用以改正自己的行為。

想要提高自我價值，就要透過激勵暗示自己。心理學上激勵的含義，主要是指：激發人們的行為動機，使人們具有內在動力，為期望目標做出努力的心理過程。哈佛大學的心理學家威廉・詹姆斯研究發現：沒有受到激勵暗示的人，只能發揮五分之一的能力，受到激勵暗示以後，可以發揮五分之四的能力。也就是說，同樣一個人，受到激勵以後，發揮的能力相當於激勵以前的四倍。

**著名黑人領袖馬丁・路德・金恩說：「世界上的所有事情，都是抱持希望而做成的。」**人們基於對環境的認識，進而產生價值感和期望導致需要，需要又引起動機。但是，動機是否必定產生相應的行為，取決於目標實踐的可行性程度。

## 讓「內心形象」推動自己成長

自我形象技術，就是重塑自我形象，將失敗者的自我形象塑造為成功者的自我形象。自我積極形象，是自我觀想出來的「內心形象」，也是人生成功的奧秘。

**一些著名專家研究顯示：自我形象以及心理和精神上的觀念，是影響個性和行為的真正關鍵。**人們如果明白這個道理（自我形象技術），生活就會有很大的改變。那些做出偉大成就的人，無視環境的限制，不斷想像自己期望的結果，進而培養堅定的意志，發揮自己最大的潛能。

必須記住：

想像＋體驗＝自我形象。

積極的自我形象，會引導你走向成功。

消極的自我形象，會引導你走向失敗。

## 建立自我形象的方法

熱愛自己。每個人都有優點和缺點，把注意力放在自己的優點上。

欣賞自己。對著鏡子裡面的自己說：「你是最棒的，我很喜歡你」，欣賞自己是建立自信的重要方法。

注意儀表。儀表不僅是對別人的尊重，也是自己內心的外在表現。

學會微笑，笑口常開。

結交積極樂觀的人。

寫下自我激勵的警語。

想要成功，想要致富，就要改變自我形象，利用觀想的科學，將自己的神經系統變成一台「成功的電腦」。

## 改變自我形象的三個步驟

在腦海中，輸入「勝利感」。

在行動上，產生「勝利的行動」。

這樣一來，就會逐漸成為「勝利者」。

# 榜樣的激勵力量

**人生的成功之路有捷徑嗎？有，那就是——模仿，模仿是通往成功的捷徑。**

教育的核心在於人格感化，必須有具體的人格，才有真正的感化力。尤其是青少年，對他們講述道德和責任的道理，他們可能無法接受，不如給他們指出幾個具體清晰的形象。

想要獲得成功，首先要有信心。想要建立自信，可以依靠自我暗示和自我激勵，或是向榜樣學習，用行動來征服困難，不斷征服困難，就可以增強信心。

美國學者約翰・麥斯威爾說：「榜樣是影響人們的主要因素，而且是唯一因素。」

曾國藩說：「模仿是最常用、最有效的學習方法。」

想要獲得成功，心中就要有成功人士的形象。模仿成功人士，做他們經常做的事情，把他們的優秀品格根植於自己心中，就可以獲得成功。

## 曾國藩向聖人學習

在中國歷史上，曾國藩是一位很有影響力的人物，在事業和品格方面，達到很高的境界。曾國藩的智慧，是建立在學習前人的基礎上。他在自古以來具有高尚品格的聖人中挑選三十三人，命令兒子將他們的畫像懸掛於廳堂，取名為《聖哲畫像記》，作為自己的學習榜樣。

三十三位聖人是：周文王、周公旦、孔丘、孟軻、班固、司馬遷、左丘明、莊周、諸葛亮、陸贄、范仲淹、司馬光、周敦頤、程顥、程頤、朱熹、張載、韓愈、柳宗元、歐陽修、曾鞏、李白、杜甫、蘇軾、黃庭堅、許慎、鄭玄、杜佑、馬端臨、顧炎武、秦蕙田、姚鼎、王念孫。

以聖人作為自己學習的榜樣，是學習成才的最佳方法。想要獲得成功，就要有成功人士作為榜樣。

## 「你是拿破崙轉世」

有一個法國人，四十多歲還是一事無成，破產、失業……不知道自己的生存價值和人生意義。

有一天，一個吉普賽人在街頭算命。他隨意一試，吉普賽人看了他的手相，對他說：「你是一個偉人，很了不起！」

「什麼？」他大聲地說，「我是一個偉人？你不是在開玩笑吧！」

「不，」吉普賽人說，「你是拿破崙轉世。你身上流的血、你的勇氣和智慧、你的面貌，都是拿破崙的，難道你沒有感覺到？」

「不會吧，」他遲疑地說，「我破產了，我失業了，我幾乎無家可歸。」

「先生，」吉普賽人說，「那是過去的事情。五年以後，你是法國最成功的人。」

從此，他對拿破崙產生濃厚興趣，認真研究這位偉人，努力學習這位偉人。十三年以後，他真的成為億萬富翁。

以成功人士作為榜樣，下定決心去學習，就會做出不平凡的成就。

# 自我設限，會讓成功火種熄滅

科學家曾經做過一個實驗：他們在一個玻璃杯裡放進一些跳蚤，但是跳蚤立刻輕易地跳出來。重複幾遍，結果都是一樣。根據測試，跳蚤跳的高度是身高的一百倍以上，稱得上是動物界的跳高冠軍。

實驗者把這些跳蚤再放進杯子裡，然後在杯口加上一個玻璃罩，「碰」的一聲，跳蚤撞在玻璃罩上。反覆多次以後，跳蚤開始變得聰明，它們根據玻璃罩的高度來調整自己跳的高度。經過一段時間以後，這些跳蚤再也沒有撞到這個玻璃罩，而是在玻璃罩下自由地跳動。

幾天以後，實驗者悄悄地拿掉玻璃罩。跳蚤不知道玻璃罩已經拿掉，還是按照原來高度繼續跳躍。一個星期以後，那些可憐的跳蚤還在玻璃杯裡不停地跳動——它們無法跳出這個玻璃杯，已經從一個跳蚤變成一個可悲的爬蚤！

跳蚤變成「爬蚤」，並非已經失去跳躍的能力，而是由於不斷地遭遇挫折，讓自己麻木了。最可悲之處在於：實際上的玻璃罩已經不存在，它們竟然沒有「再試一次」的勇氣，扼殺自己行動的欲望和潛能，科學家把這種現象稱為「自我設限」。

在我們成長的過程中，尤其是幼年時代，遭受外界的批評和打擊，奮發向上的熱情和欲望被「自我設限」壓制，無法得到及時的激勵，對失敗惶恐不安，對失敗習以為常，失去信心和勇氣，逐漸養成懦弱、猶豫、多疑、狹隘、自卑、孤僻、害怕承擔責任、不思進取的習慣。這樣的性格，在生活中最明顯的表現就是隨波逐流，與生俱來的成功火種過早地熄滅。

按照佛洛伊德的理論，人類生來就有「成為偉人」的欲望，「成為偉人」就是「成功」的集中表現。佛洛伊德之後的心理學家經過研究，也得出一個相似的結論：無論民族、文化、歷史、家庭、性別、年齡，人類天生就有喜歡被讚美和尊重的傾向。因此，可以這麼說，成功的渴求與生俱來——因為，成功是獲得讚美和尊重最有效的途徑。

追求成功，是人類的精神需求上的本能。成功表示：財富、健康、幸福、快樂、力量……在人類社會中，這些東西可以獲得更多的讚美和尊重。

成功始於心動，成於行動。想要解除「自我設限」，關鍵在於自己。自己是否可以成功，與別人沒有任何關係。自己想要成功，才有成功的可能。

**洛克菲勒曾經對兒子說：「我曾經告訴你，你現在這種年齡必須做的事情是：思考十年之後從事什麼工作，對將來必須具有想像力。」**

無論你現在處於什麼環境，你要在心裡問自己一個重要的問題：我將來想要成為什麼樣的人？無論是否有人對你說過「這是不可能的」，這對你來說不重要。在你的生活中是否還有這樣的人存在也不重要，重要的只有一點，如果有一個人不同意這個說法，這個人應該是你自己。

# 不要自拆台腳，讓潛意識自由發揮

**法國著名心理療法醫生庫埃曾經說：「如果你的願望與想像之間發生衝突，後者將會佔據主導。」**

假如你在一塊放在地上的木板上行走，對你來說，實在是易如反掌。但是，假如這塊木板搭在兩堵高牆的牆頭之間，距離地面二十英尺，你還可以無所畏懼地行走嗎？你行走於其上的願望，很容易會被自己的想像力——害怕從上面掉下去這個念頭抵消。於是，你在木板上行走的願望，甚至實際上的行動，就會在片刻之間發生逆轉，害怕從木板上掉下來的念頭佔上風。這樣的大腦意識，最終導致結果走向願望的對立面，隱藏的意義是：你做出「無力改變局面」這個自我暗示。因此，避免在祈禱的時候產生不必要的想像，是自己的願望得以實現的重要前提。

向潛意識說出自己的願望是必要的，但是完成這個過程，需要心情平和地進行。只有這樣，潛意識才可以自主地工作，並且發揮效用。不要過於關注過程之中的細節，最重要的是：自己的心態。無論何時，想要解決的問題得到解決以後，就要記住這種快感。

運用潛意識思維的時候，不要使用意志力，不要假定會存在任何對手。你要做的，就是想像目標實現以後，那種喜悅和高興的狀態。此時，必須保持單純而強烈的信念，這樣就會產生奇蹟。如果潛意識做出有效的回應，一個相當可行的方案，就是運用科學的方法，「啟動」頭腦中的想像力。

此外，也可以訴諸於「祈禱術」，具體方法是：首先，對自己的問題進行分析；其次，把解決問題的任務下達給自己的潛意識；最後，醞釀情感，對潛意識的能力寄予完全的信任，相信自己的問題可以得到解決。進行祈禱的時候，不要說出「我希望自己可以痊癒」這樣的詞語，這種意識的努力不會產生任何作用。這樣做，只會使潛意識思維產生抗拒心理，進而使自己的願望落空。言語要充滿無限的權威，充滿堅定的力量，對自己說「我一定可以痊癒」。

對大腦使用強迫性力量，其實是給自己設下陷阱。如果我們的思維集中於解決問題的方法，就不會關注問題本身。**對於所有想法和願望而言，意識與潛意識之間必須達成某種默契。只有兩者之間不存在任何衝突，答案才會出現。**所以，為了避免願望和想像之間產生衝突，進行祈禱的時候，可以讓自己進入意識模糊的狀態，例如：剛起床的時候。這個時候，有助於排除各種雜念的干擾，也是潛意識思維活動的高峰期，潛意識就會聽從自己的安排。

# 儲蓄自己的潛意識資訊庫

想要使自己的大腦更聰明、更有智慧、更有創造力，就要給潛意識輸入更多的資訊。潛意識包含這麼多的奧妙，我們應該如何開發和利用它，以得到最大限度的發揮？

想要建造房子，就要儲備建築材料、裝修材料、設計圖紙、建築技能、建築機械、管理技能……同樣地，想要獲得成功，就要不斷地學習，給自己的潛意識輸入各種資訊。

為了提升潛意識的儲蓄效率，可以採取一些輔助方法，例如：重複輸入重要資料，重複性學習，增加記憶功能，建立資訊庫，分類保存圖書、剪報、筆記，為自己的創造性思維服務。

由於潛意識「是非不分」，並且經常跳過意識而直接支配人們的行為，或是直接形成人們的心態，所以在某種意義上，「成」也是潛意識，「敗」也是潛意識。因此，必須訓練自己，努力開發和利用有助於成功的潛意識，嚴格控制可能導致失敗的潛意識；珍惜潛意識中原有的積極因素，並且不斷輸入健康的資訊，使積極的態度佔據統治地位，成為最有優勢的潛意識，成為支配自己行為的直覺性習慣。控制消極的資訊，不要讓它們干擾自己的生活，不要讓它們進入自己的潛意識。

**可以採取兩個方法，對消極的資訊加以控制：一是立刻抑制它們，不要讓它們「汙染」自己的思想，對於之前無意中吸收的消極資訊，永遠不要提及它們。二是進行判斷性分析，「化腐朽為神奇」，對它們進行分析和評價，把它們變成有助於成功的意識。**

開發和利用潛意識自動思維創造的智慧性功能，可以幫助自己解決問題，獲得創造性靈感。

一般而言，潛意識有六個特徵：

（1）能量巨大

（2）喜歡帶有感情色彩的資訊

（3）不識真假，唯命是從

（4）容易受到圖像刺激

（5）記憶性差，需要強烈刺激或是重複刺激

（6）心情放鬆的時候，各種資訊最容易進入潛意識

為此，美國著名潛意識專家布萊恩．崔西提出使用「刺激法」啟動潛意識的原則：

**聽覺刺激法**——恐慌、害怕、缺乏自信的時候，大喊幾聲，可以使自己恢復信心和力量。聲音的力量，可以影響自己的信念，為自己帶來積極效果。

**視覺刺激法**——把自己的目標畫成圖畫，剪下並且貼在木板上，每天觀看。這樣可以隨時刺激自己的潛意識，使其幫助自己實現夢想。

**意向刺激法**——利用潛意識「不分真假」的原理，在大腦中引導自己希望的成功場景，達到替換自己的潛意識中負面想法的目的。透過反覆的自我暗示，改變自我意象，可以建立必勝的信念，並且使自己產生積極行動，進而達到自己預期的目標。

潛意識蘊藏人們有意無意之間感知或認知的資訊，並且可以將它們自動排列、組合、分類，產生一些新的信念。所以，可以給它指令，把困難的問題轉變成清晰的指令，經由意識轉移到潛

意識中，然後放鬆自己的身心，等待潛意識給自己答案。

很多時候，我們苦思冥想一個問題，就是無法想出答案，幾天以後，答案會突然從大腦中出現。所以，隨時準備一些紙和筆，記下所有轉瞬即逝的靈感。

# 挑戰極限，每個人都可以活得卓越

人類具有多大的潛能？開發的極限是多少？沒有人可以回答。現代科學顯示，人們只運用全部能力的一〇％，甚至六％。有些人估計，人們可以記憶的東西相當於五億冊書籍，但是發揮的記憶力不及一〇％，聽覺、嗅覺、視覺沒有得到充分利用。人們的很多潛能尚未表現出來，已經伴隨生命的終結而消失。

潛能包含兩種意義：一種意義是指「潛力」──那些露於外而未發的能力。例如：你有歌唱的天賦，也喜歡唱歌，但是沒有成為歌手，甚至不敢想像自己會成為歌手。這個時候，你的歌唱能力只是一種潛力，需要自己努力發展，才可以修成「正果」。另一種意義是指那些蘊藏於大腦中尚未開發的智慧和謀略。這種意義上的潛能，不會被人們察覺到，只有等待日後開發，可能會與自己的肉體一起消失。因此，潛能要轉化為能力不是自然而然的，需要我們去發現自己。

人類的潛能需要被激發才可以表現出來，而且這種被激發的潛能經常出人意料。

費堯看見自己的兒子在福特的店裡招待顧客，好奇地問福特：「最近我的兒子生意學得怎麼樣？」

福特從桶子裡拿出一塊點心遞給費堯，然後回答：「費堯，我們是多年的好朋友，不想讓你日後懊悔，我是一個直爽的人，喜歡說實話。他是一個老實的孩子，一看就知道。但是，即使在我的店裡學習一千年，也不會成為一個優秀的商人，他沒有做商人的天賦，還是把他帶回鄉下，讓他牧羊吧！」

如果費堯的兒子還是留在福特的店裡，絕對不會成為舉世聞名的商人。可是他隨後來到溫哥華，親眼目睹許多貧窮的孩子做出偉大的事業，他的潛能突然被喚起，決定做一個商人。他問自己：「別人可以做出偉大的事業，我為什麼不能？」其實，他具有做商人的天賦，只是福特店裡的工作無法激發他的潛能，無法發揮他儲藏的能量。

一般來說，我們的能力取決於自己的天賦，但是天賦無法改變。實際上，很多人的能力都是潛伏的，必須依靠外界的激發才可以表現出來，潛能如果被激發並且加以關注和引導，就可以產生巨大的力量。

**愛迪生說：「我最需要的，就是有人叫我去做自己力所能及的事情。」**表現自己能力的最佳途徑，就是去做自己力所能及的事情。凱撒和羅斯福未必可以完成的事情，也許自己可以完成。只要發揮自己具有的潛能，就有可能獲得成功。潛伏在人們體內的力量是巨大的，但是這種力量在酣睡，只有被激發以後，才可以做出偉大的事業。

如果與失敗者談話，就會發現：他們失敗的原因，是因為無法獲得良好的環境，沒有進入充滿鼓勵的環境，自己的潛能沒有被激發，沒有力量從不良的環境中奮起振作。

**無論在什麼環境下，只有義無反顧地進入激發自己潛能的環境，才有可能讓自己走上成功之路。**努力與那些瞭解自己、支持自己、鼓勵自己的人接近，對於自己的成功會產生重大影響。努力與那些想要在世界上留下自己足跡的人接近，在潛移默化中，就會受到他們的感染，培養奮發向上的精神。如果你做得不夠完美，他們會立刻鼓勵你，下定決心艱苦努力，才是成功真正需要的。

第8章 自我實現

# 成功是一種唯「心」主義

Don't be too hard on yourself.

西方哲人說：「這個世界上，除了心理上失敗，實際上不存在任何失敗。」從現在開始，我們要正視一個事實：每個人都有自我實現的潛能，世界是公平的、機會是公正的，成功的關鍵在於：你是否真的用心。

# 自我實現的諾言：心想事成的秘密

關於「心想事成」，很多人或許會認為，只是自欺欺人的把戲，所謂「三分人事，七分天意」，是否可以心想事成，主要取決於上帝的想法。然而，心理學家透過實驗證明，如果抱持良好的期望和信念，就有可能看到自己希望的事情發生。心理學家把這種現象稱為「自我實現的諾言」——某些未來行為或事件的預測對行為互動改變很大，以至於產生預期的結果。例如：某一天，你去參加一個聚會，如果在參加聚會以前，認為這個聚會非常無聊和浪費時間，參加聚會的時候，你的感覺很可能與當初預期的相同。

一九六八年，美國心理學家羅森塔爾等人進行一個著名實驗：他們到一所小學，在一至六年級各選三個班級的學生進行「預測未來發展的測驗」，他們認為有些學生屬於大器晚成，就把這些學生的名字提供給教師。其實，這份名單不是根據測驗結果來確定，而是隨機抽取。八個月以後，羅森塔爾又對名單上的學生進行測驗，結果發現：他們的成績明顯優於之前測驗的結果。為什麼會出現這種結局？羅森塔爾認為，可能是因為這些教師對那些學生予以特別照顧和關懷，使得他們的成績得以改善。

後來，人們把這種由期望而產生實際效果的現象稱為「羅森塔爾效應」，也稱為「比馬龍效應」（比馬龍效應源於古希臘神話故事——賽普勒斯國王性情孤僻，長年獨居。他善於雕刻，用象牙雕刻一座自己理想中的美女雕像。久而久之，他竟然對自己的作品產生愛慕之情。他祈求愛神阿芙蘿黛蒂賦予這座雕像生命，阿芙蘿黛蒂被他的真誠感動，賦予這座雕像生命。比馬龍稱她為伽拉忒亞，並且娶她為妻。比馬龍效應的宗旨可以概括為：「說你行，你就行，不行也行；說你不行，你就不行，行也不行」）。

現代量子力學顯示，世界上的所有事物都是由能量組合而成。能量是一種振動頻率，所有事物都有自己的振動頻率，正是因為如此，才會出現紛繁各異的事物。無論是有形的桌子和椅子，還是無形的思想和情緒，都是由不同振動頻率的能量組合而成。

振動頻率相同的事物，會互相吸引而產生共鳴。人們的意念和思想具有能量，它們的振動會影響其他事物。也就是說，生活中的所有事物，都是自己吸引過來的，是自己大腦的思維波動吸引過來的。**所以，我們可以擁有自己經常想像的事物，生活也可以變成自己經常想像的樣子——這就是風靡世界的「吸引力法則」**！

我們可以這樣理解「吸引力法則」：無論自己的注意力和能量集中在哪裡，無論這種注意力和能量是積極還是消極的，自己都在吸引它們，成為自己生活的一部分——這就是如何心想事成的秘密：持續關注那些可以讓自己成功的事物，並且認為它們可以實現，它們就會成為自己生活的一部分。

# 自我效能感：不要塵封你的夢想

茱莉・安德魯斯是英國女演員、歌手、作家，曾經獲得奧斯卡金像獎、英國電影學院獎、艾美獎、金球獎、葛萊美獎、美國演員工會獎、全美民選獎、世界戲劇獎。她在自己的傳記《家》中，提到自己十二歲的時候，到米高梅公司試鏡的經歷。她說：「當時，我看起來如此平凡，他們必須給我化妝才可以」，「最後的結論是：『她不夠上鏡。』」

J・K・羅琳那本關於一個少年魔法師的小說《哈利波特：神秘的魔法石》，被倫敦一家小型出版社採用之前，曾經被十二家出版社拒絕。

華特・迪士尼曾經被一家報社的編輯以「缺乏想像力」為理由而解雇。

「飛人」麥可．喬丹高中的時候，曾經被學校籃球隊拒之門外。

……

是什麼讓這些人走出失敗的陰霾，並且最終獲得成功，有些人卻在挫折面前認輸？心理學家稱之為「自我效能感」——對自己是否有能力為完成某個行為而進行的推測與判斷。那些後來成功的人遭遇挫折的時候，始終相信可以實現自己的夢想，並且矢志不移地踐行自己的夢想，最後從現實中獲得豐厚的回報。

二十世紀七〇年代，史丹佛大學教授亞伯特．班度拉首次提出「自我效能感」。他在自己的動機理論中指出，人們的行為受到行為的結果因素與先行因素的影響，行為的結果因素就是經常說的「強化」。他認為，在學習中沒有強化也可以得到相關資訊，形成新的行為。因此，他認為行為出現的機率是強化的函數這種觀點不確切，行為的出現不是由於隨後的強化，而是由於人們認識行為與強化之間的依賴關係以後，對下一步強化的期望。

他的「期望」概念，也不同於傳統的「期望」概念。傳統的期望概念，只是對於結果的期望，但是他認為，除了結果期望以外，還有效能期望。結果期望是指：對自己某種行為會導致某個結果的預測。如果預測到某種行為會導致某個結果，這個行為就有可能被啟動和選擇。例如：認為自己努力工作可以獲得加薪，努力工作的機率就會比較高。效能期望是指：對自己是否可以進行某種行為的實施能力的推測與判斷，也就是對自己行為能力的預測，表示是否相信自己可以成功地進行帶來某個結果的行為。

人們相信自己有能力進行某個活動，就會產生高度的「自我效能感」，並且會進行那個活動。也就是說，不僅意識到努力工作可以獲得加薪，而且認為自己有能力勝任這份工作，才會對工作全力以赴。

影響「自我效能感」形成和改變的因素如下：

（1）**成敗經驗**。成功的經驗會提高自我效能感，失敗的經驗會降低自我效能感。

（2）**替代性經驗**。透過觀察別人的行為而獲得的間接經驗，進而對自我效能感產生重要影響。

**（3）言語勸說**。言語勸說的價值，取決於是否符合實際。缺乏事實基礎的言語勸說，對自我效能感的影響不大，在直接經驗或是替代性經驗基礎上進行勸說的效果更好。

**（4）情緒反應和生理狀態**。面臨某個活動任務的身體反應，或是強烈的激動情緒，經常會妨礙行為的表現，進而降低自我效能感。

**（5）情境條件**。不同的環境提供給人們的資訊不同，某些情境比其他情境更難以適應和控制。進入陌生而容易引起焦慮的情境，會降低自我效能感的強度。

**哈佛大學醫學院教授羅伯特．布魯克斯說：「人們在任何年紀，都可以發展堅韌的心智。」**他認為，關鍵是：避免進行自我挫敗的假設。如果自己被解雇，或是和女朋友分手，不要假設自己無法找到工作，或是無法交到女朋友。（但是，在接踵而來的批評面前，堅持信念非常困難。一位教師在談及年輕時期的卻斯特頓的時候這樣說：「如果打開他的大腦，我們除了一堆白色脂肪以外，應該找不到任何東西。」後來，卻斯特頓成為英國極負盛名的作家。）

**「自我效能感」對我們的啟示是：不要因為別人的負面評價而塵封自己的夢想**。布魯克斯教授說：「生活中的最大障礙，就是對羞辱的恐懼。」他認為，自己與之工作的一些人，過去三十年以來，總是不願意承擔任何風險和挑戰，就是因為他們害怕自己會犯錯。

# 習得性無助：屢敗之後，可以再戰一次

一九六七年，美國心理學家賽里格曼進行一個實驗：把一隻狗關在籠子裡，蜂鳴器響起以後，對狗進行電擊。狗試圖逃跑，但是籠子被鎖住，經過努力掙扎以後，對於逃避電擊無能為力，放棄逃跑的舉動，被動地接受電擊。實驗者對狗進行多次電擊以後，把籠子的門打開，蜂鳴器響起以後，對狗進行電擊。狗可以跑到籠子外面以逃避電擊，可是牠不僅沒有逃跑，反而在電擊之前，倒在地上呻吟和顫抖——可以主動逃避卻絕望地等待痛苦的來臨，這就是心理學上說的「習得性無助」。

一九七五年，賽里格曼又進行與「習得性無助」有關的實驗：選擇大學生為受試者，將這些學生分成三組：第一組學生聽一種噪音，但是他們無法使噪音停止。第二組學生也聽這種噪音，但是他們可以透過努力使噪音停止。第三組學生是對照組，不聽任何噪音。受試者在不同的條件下進行實驗之後，要求他們進行另一個實驗：實驗裝置是一個「手指穿梭箱」，受試者把手指放在箱子的一邊，會聽到一種強烈的噪音，放在另一邊的時候，不會聽到這種噪音。

實驗結果顯示：在原來的實驗中，可以透過努力使噪音停止的受試者，以及不聽任何噪音的對照組，他們在「穿梭箱」的實驗中，會把手指移到另一邊，使噪音停止；無法使噪音停止的受試者，他們的手指仍然停留在原處，不會把手指移到另一邊。

為了證明「習得性無助」對以後的學習有消極影響，賽里格曼又進行一個實驗：要求受試者把以下的字母排列成字，例如：ISOENDERRO，可以排成NOISE和ORDER。實驗結果顯示：原來實驗中產生無助感的受試者，很難完成這個任務。

**「習得性無助」與人們的歸因方式緊密相關：人們把控制力缺失歸因為永久性而不是暫時性，認為是自己的人格因素而非情境因素導致自己無能為力，就會把這種想法滲透到生活其他方面，進而產生「習得性無助」。**

對於獲得成功而言，「習得性無助」是一種消極的心理暗示，如果人們在經歷多次失敗以後，認為自己註定無力改變現狀，或是取得突破性進展，就會放棄努力，不再進行任何嘗試，即使自己仍然有獲得成功的潛力。從這個角度來看，所謂的「成功」，就是一種屢敗屢戰的堅持。也就是說，成功沒有我們想像的那麼困難，想要獲得想像中的成功，屢敗之後可以再戰一次。

# 自我妨礙：預約失敗的自欺欺人之舉

學期即將結束，各科考試接踵而來，有些學生經常蹺課，疏於學習，但是考試臨近的時候，他們沒有認真複習課程內容，反而沉迷於電腦遊戲。為什麼會出現這種現象？難道臨時抱佛腳的緊急複習不是更好的應對策略嗎？

上述現象可以用「自我妨礙」來解釋。**所謂的「自我妨礙」，就是：擔心自己無法完成某項任務的時候，會故意破壞任務的完成，為自己的失敗尋找藉口。**例如：某個學生沒有認真學習，反而沉迷於電腦遊戲，如果考試成績很差，就會說：「我只是沒有努力。」這樣一來，他的自尊受到的影響比較小，可以心安理得接受自己的失敗。

從人們維護自尊和印象管理的角度來看，「自我妨礙」其實是一種自我保護行為，一方面為自己的失敗提供冠冕堂皇的理由；另一方面，自己獲得成功的時候，有助於發揮自我增強的作用——沒有努力也可以獲得成功，進而得意地宣稱自己智慧過人。

人們實施「自我妨礙」行為的時候，經常透過兩種形式表現出來：

## 一、行動式自我妨礙

對於難以預知的成敗，為了做出有利於自己的歸因，事先採取許多妨礙成功的行為，例如：有些學生在考試之前喝酒玩樂，或是為自己設置過高的目標。

## 二、自陳式自我妨礙

完成任務以前，為將來可能的失敗尋找許多無法控制的藉口，或是可能會影響自己發揮程度的因素，例如：考試焦慮、突然感染疾病、遭遇創傷性的生活事件……

大多數的研究認為，自我妨礙行為雖然有助於人們避免受到負面評價的影響，但是經常進行自我妨礙，不僅會降低自己的信心，還會增加自己的焦慮反應——即使可以使別人不對自己做出負面評價，也會對自己形成消極的看法。如果經常進行自我妨礙，也會增加遭遇失敗的可能性，以致減少對學習的興趣，又會進行自我妨礙，進而陷入惡性循環中；而且研究者發現，即使別人沒有對這些人做出負面評價，也不會對這些人產生良好的印象。也就是說，與沒有進行自我妨礙的人相比，進行自我妨礙的人經常會得到更低的評價。

由此可見，實施自我妨礙行為以後，並非可以如願以償地獲得別人的正面評價，只是在虛偽自尊的操縱下，預約更多的失敗。

# 標籤效應：不要讓別人的評價決定你的未來

我們被一種詞語名稱貼上標籤的時候，就會做出自我印象管理，使自己的行為與貼上的標籤內容一致。這種現象是由於貼上標籤以後而引起，所以稱為「標籤效應」。

為什麼會出現「標籤效應」？主要是因為「標籤」具有定性導向的作用，無論是「好」是「壞」，對人們的「個性意識的自我認同」都有強烈的影響作用。**給別人「貼上標籤」的結果，經常是使其向「標籤」喻示的方向發展。**

心理學家克勞特曾經做過一個實驗：要求一群受試者對慈善事業做出捐獻，然後根據他們是否有捐獻，分別說成是「慈善的人」和「不慈善的人」。相對應地，有些受試者沒有被做出這樣的結論。過了一段時間以後，要求這些人進行捐獻的時候，那些被說成是「慈善的人」，比沒有被做出結論的人捐獻更多；那些被說成是「不慈善的人」，比沒有被做出結論的人捐獻更少。

上述實驗充分示範「標籤效應」對人們的影響，現實生活中經常有這樣的事例：我們被某個組織賦予某個稱號，自己的行為就會受到這個稱號的影響，使自己的行為符合這個稱號的內涵。一九四五年二月，反法西斯即將全面勝利，在一次攝影比賽中，伊拉·海斯與其他士兵的合照獲得大獎，照片在美國印刷數百萬張，海斯被民眾視為戰爭英雄，由於被貼上「英雄」的標籤，從此以後，海斯總是以英雄的姿態出現。

給別人貼上一個正面標籤，也會促使他在態度和行為上做出積極反應。第二次世界大戰期間，針對一些行為不良、紀律散漫、不聽指揮的士兵，美國心理學家進行一個實驗：讓他們每個月寄信給家人，在信中描述自己在前線如何遵守紀律、聽從指揮、奮勇殺敵、立功受獎。半年以後，這些不可救藥的士兵發生很大的變化，他們真的像信上說的那樣去努力。

**「標籤效應」對我們的啟示是：從某種意義上說，我們的人生是被「標籤」出來的。**例如：一個人非常喜愛跳舞，但是父母和朋友認為他不可能在舞蹈方面獲得成功，天長日久，他逐漸放棄自己對於舞蹈的愛好，正如其父母和朋友認為的那樣，他沒有在舞蹈方面獲得成功。然而，按照「標籤效應」的邏輯來推理，可以發現，他沒有在舞蹈方面獲得成功，可能並非因為他沒有跳舞的天賦，而是父母和朋友的負面標籤發揮消極作用。因此，別人怎麼看我們不重要，重要的是我們如何給自己定位，我們認同的自我定位決定自己會被時間塑造成什麼樣的人。

# 拱道效應：為什麼名牌學校「盛產」優秀學生？

英國心理學家德・波諾在《思維的訓練》一書中，提出「拱道」的概念。他認為，學校就像一個拱道，名牌學校會產生積極的「拱道效應」：優秀人物走進拱道，就會從拱道裡走出優秀學生。**對於「拱道效應」，更學術化的解釋是——經過「拱道」而使人們產生積極心理反應的現象。**波諾認為，優秀人物在名牌學校學習的過程中，拱道除了看著他們通過以外，在塑造優秀學生方面，產生的作用非常小。也就是說，名牌學校「盛產」優秀學生，主要原因不是學校為學生提供出色的教學內容和方式，而是為學生設置比較高的進入門檻，加上學校的品牌效應，使學校招收非常優秀的學生。這種理論有一定的邏輯，但是不能完全抹殺名牌學校對塑造優秀學生的作用，畢竟與普通學校相比，名牌學校還是為學生提供更有優勢的教學資源。

可以進入名牌學校，對於學生而言，是一件值得驕傲的事情，學習的時候會有巨大的動力，樂於積極地表現，以持續證明自己的優秀，在這個過程中，就會產生「拱道效應」。那些進入普通學校的學生，由於對學校抱持消極態度，認為如果自己進入這種學校，難以有出頭之日，對學習失去興趣，只想得過且過。從某種意義上說，一個學生會成為優秀人物還是平庸之輩，不是取決於他進入名牌學校還是普通學校，而是取決於他對學校的態度。因為進入普通學校而放棄繼續奮鬥的勇氣，才是無法獲得成功的關鍵因素，並非進入的學校導致自己的失敗。

因此，「拱道效應」啟示我們：即使自己與名牌學校無緣，因為考試失誤而進入普通學校，不要悲觀地認為自己的人生已經被宣判，只要沒有失去奮鬥的力量和勇氣，只要為了博取精彩人生而努力不懈，也可以比那些出自名牌學校的學生更有作為。

心學堂 04

找個奮鬥的正確姿勢

作者　寧寧的摺耳貓
美術構成　騾賴耙工作室
封面設計　斐類設計工作室
發行人　羅清維
企劃執行　張緯倫、林義傑
責任行政　陳淑貞

企劃出版　海鷹文化
出版登記　行政院新聞局局版北市業字第780號
發行部　台北市信義區林口街54-4號1樓
電話　02-2727-3008
傳真　02-2727-0603
E-mail　seadove.book@msa.hinet.net

總經銷　知遠文化事業有限公司
地址　新北市深坑區北深路三段155巷25號5樓
電話　02-2664-8800
傳真　02-2664-8801
網址　www.booknews.com.tw

香港總經銷　和平圖書有限公司
地址　香港柴灣嘉業街12號百樂門大廈17樓
電話　（852）2804-6687
傳真　（852）2804-6409

出版日期　2020年10月01日　一版一刷
定價　280元
郵政劃撥　18989626　戶名：海鴿文化出版圖書有限公司

國家圖書館出版品預行編目（CIP）資料

找個奮鬥的正確姿勢 ／ 寧寧的摺耳貓作.
-- 一版. -- 臺北市 ： 海鴿文化，2020.09
面 ； 公分. --（心學堂；4）
ISBN 978-986-392-320-6（平裝）

1. 心靈學　2. 潛能開發

175.9　109009504